Duden

So schreibe ich Aufsätze

in der Grundschule

Einfache Strategien für bessere Texte

Dudenverlag
Mannheim • Leipzig • Wien • Zürich

Mit einfachen Strategien Texte verfassen

Diese fünf Kinder zeigen dir, wie du vorgehen musst, um einen Text gut zu planen, abwechslungsreich zu schreiben, ihn zu überarbeiten und zu veröffentlichen. Jedes Kind erklärt dir dazu eine wichtige Strategie:

Schreibziel festlegen
Ideen sammeln und ordnen
Texte schreiben
Texte überarbeiten
Texte veröffentlichen

Wenn du diese fünf Strategien sicher und erfolgreich anwenden willst, brauchst du viel Übung. Trainiere also regelmäßig.

Das Training lohnt sich. Denn danach kannst du die Strategien auf alle Texte, die du schreiben willst, anwenden. Notizen, Briefe, Berichte, Anleitungen und Erzählungen werden dir damit besser gelingen.

So findest du dich in diesem Buch zurecht

Jedes der fünf Kapitel beginnt mit einer Doppelseite, auf der eine Strategie vorgestellt wird, die beim Verfassen von Texten hilft. Dort zeigt dir jeweils ein Kind, wie du vorgehen und was du dich fragen musst. Lies diese Seiten gründlich durch, auch die Beispiele.

Nach der Strategiedoppelseite folgen immer einige Seiten mit Übungen. Auf diesen Seiten übst du, die Strategie anzuwenden.

Die Lösungen der Übungen findest du im Lösungsteil (ab Seite 70). Vergleiche und überprüfe deine Arbeitsergebnisse damit. Wichtige Fachbegriffe kannst du auf Seite 78 nachschlagen.

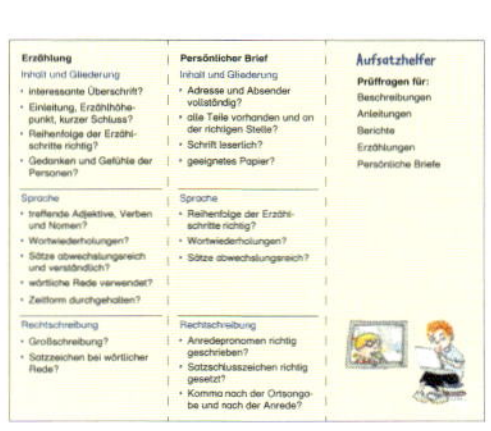

Mit einem Aufsatzhelfer, der so klein ist, dass du ihn überallhin mitnehmen kannst, bist du für jeden Text gerüstet. Bastle dazu das Leporello (Seite 79). Du kannst dort die Textsorte und die dazugehörigen Prüffragen wählen.

Wenn dir kein passendes Wort für das einfällt, was du ausdrücken willst, kannst du nachschlagen. Zum Beispiel in dem Wörterbuch von Duden „Sag es besser!“ gibt es sehr viele verschiedene Ausdrücke und auch Redensarten. Sicher findest du passende Wörter darin.

Alle Wörter richtig zu schreiben, geht nicht ohne Wörterbuch. Es muss immer in deiner Nähe liegen. Welches Wörterbuch du benutzt, bleibt dir überlassen. Besonders gut zu diesem Übungsbuch passt „Das Grundschulwörterbuch“ von Duden.

Schreibziel festlegen

Es hilft mir beim Schreiben, vorher zu überlegen, was ich mit meinem Text beabsichtige und wer meinen Text lesen soll.

Benachrichtigen und informieren

Ich schreibe kurze Nachrichten auf, um anderen etwas mitzuteilen.

Kurze Mitteilung
Notiz
E-Mail
Postkarte

Ich schreibe ausführliche Informationen auf, um andere sehr genau zu informieren.

Ausführliche Informationen
Artikel
Referat
Brief

Beschreiben und erklären

Ich schreibe etwas so auf, dass sich der Leser ein genaues Bild machen kann.

Beschreibung
Person
Tier
Pflanze
Gegenstand

Ich erkläre in meinem Text genau, wie etwas funktioniert oder hergestellt wird. Andere sollen es anwenden können.

Anleitung
Bauanleitung
Kochrezept

Berichten

Ich gebe genaue Auskunft über etwas, was passiert ist, damit andere sich hineinversetzen können.

Bericht
Unfallbericht
Reisebericht
Zeitungsbericht

Erzählen

Ich schreibe eine Geschichte, um andere zu unterhalten. Oder ich schreibe eine Geschichte nur für mich auf.

Ich erzähle, was ich erlebt habe oder was ein anderer erlebt hat.

Erlebniserzählung

Ich kann auch eine fantastische Geschichte erfinden.

Fantasiegeschichte
Gespenstergeschichte
Krimi

Ich kann aber auch eine Geschichte nacherzählen.

Nacherzählung
Film
Märchen

Benachrichtigen und informieren

Kurze Nachrichten können Anweisungen und Botschaften enthalten.
Ich benutze verschiedene Möglichkeiten sie weiterzugeben.

› Ich wähle eine passende Möglichkeit aus und ordne zu.

Mama hat angerufen.
Zug hat Verspätung.
Tisch decken und Nudelwasser aufsetzen.

Bin kurz nebenan bei Silvie. Buch holen.

An: Lerngruppe 4 a
Betreff: Deutscharbeit
Hey zusammen, die Deutscharbeit wird auf Freitag verschoben *freu*. Frau Lose ist krank. :-(
MfG Jassem

Liebe Romy,
zu meinem Geburtstag am 25. August lade ich Dich herzlich ein. Wir feiern von 15.00 bis 18.00 Uhr. Bring feste Schuhe mit. Wir gehen in den Wald. Kannst Du kommen?
Viele Grüße Jette

Bus verpasst.
Hole uns bitte ab.

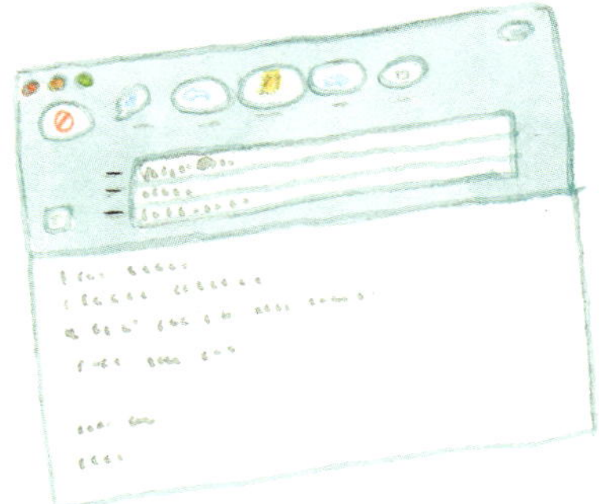

27.08.09
Liebe Oma,
kurze fröhliche Grüße von unserer langen Reise.
Kai, Larissa und Jana

Benachrichtigen und informieren

Ausführliche Informationen kann ich schriftlich verfassen oder auch mündlich vortragen.

› Ich markiere die Wörter, die benennen, in welcher Form jedes Kind informieren wird.

› Ich notiere, welche Formen ich schon einmal ausprobiert habe.

____

Beschreiben und erklären

Mit einer Beschreibung informiere ich meine Leser.

› Ich schreibe auf, wer die Beschreibungen verfasst hat.

Prinz sucht ein neues Zuhause

Tierart: Hund – Rüde
Name: Prinz
Rasse: Dackelmischling
Alter: 2 Jahre
Körperbau: drahtig, muskulös
Ohren: Hängeohren
Fell: glänzend schwarz, weiße Schnauze
Eigenschaften: kinderlieb, für Familien geeignet
Prinz ist ein verschmuster Dackelrüde. Er ist lustig und verspielt. Mit Katzen verträgt er sich gut.

Verfasser: ____________________

Polizeibeamtin

Verkäufer

Tierpfleger

Vermisst!

Seit dem 5. Februar 2009 wird Siegfried K. vermisst. Er ist 59 Jahre alt, 1,76 m groß, hat graues Haar und geht leicht gebückt. Zuletzt wurde er in einer dunklen Cordhose und einem rot karierten Hemd gesehen. Er ist Brillenträger und trägt einen auffallenden Bürstenhaarschnitt. Wahrscheinlich befindet sich der Mann in einer hilflosen Lage.

Verfasser: ____________________

Fahrradschnäppchen!

Robustes Kinderfahrrad mit 14-Zoll-Ballonreifen, am Hinterrad eine starke Rücktrittbremse, am Vorderrad eine gut eingestellte Felgenbremse, abrutschsichere Pedalen, geschlossener Kettensicherheitskasten, abnehmbare Stützräder
Alter: 3 Jahre
Farbe: rot
Zustand: einige wenige Kratzer
Preis: 78 €

Verfasser: ____________________

Beschreiben und erklären

In einer Anleitung schreibe ich auf, was jemand hintereinander tun muss, um mit einer Sache zurechtzukommen.

› Ich entscheide, welche Anleitungen die Kinder benötigen, und trage ein.

ein Kochrezept

eine Versuchsanleitung

eine Spielanleitung

eine Bauanleitung

Berichten

Mit einem Bericht informiere ich sachlich und wahrheitsgemäß.

› Ich trage ein, wer sich für die Berichte interessiert.

Freunde | Fußballfans | Haftpflichtversicherung | Gleitflieger | Fernsehzuschauer | Polizei

Worüber wird berichtet?	Wer berichtet?	Für wen ist der Bericht interessant?
Wetter 	Meteorologin 	
Reise 	Tourist	
Fußballspiel 	Sportreporter	
Schaden 	Hausmeister 	
Unfall 	Zeugin 	
Katastrophe 	Feuerwehrhauptmann 	

› Ich ordne richtig zu.

Wetterbericht

Guter Start in die Saison
Der SC Malschenhof marschierte weiter in Richtung Bundesliga und war auch durch den einsatzfreudigen HS Zuzenstadt nicht zu bremsen. Die Malschenhofer benötigten eine lange Anlaufzeit, sorgten aber spätestens mit einer tollen zweiten Halbzeit …

Krankenbericht

Der Schüler L. hatte am Donnerstag, den 8. 4. 09 Kehrdienst. Als er nach der Hofpause seinen Besen in die Abstellkammer tragen wollte, stolperte er über einen Eimer. Dabei stieß er mit dem Besen gegen die Scheibe der Tür. Das Sicherheitsglas zersplitterte …

Spielbericht

Deutschland heute
Die Wolken überwiegen heute und die Sonne scheint nur selten. Immer wieder fällt …

Zeitungsbericht

Von Kairo ging es dann nach drei Tagen in langer Autofahrt nach Südwesten, in die Oase Bahariya. Ich dachte immer, Oase ist Palme, Brunnen, Haus. Nein, eine Oase kann sich über viele, viele Kilometer erstrecken und ist eine Senke in der Wüste, die landwirtschaftlich nutzbar ist. Es war eine Reise in eine andere Welt. Esel, Lastwagen und Menschen wimmelten durcheinander …

Schadensmeldung

Armbruch
Patientin S. Krüger rutschte im Kurpark von Bad Süßen aus, stützte sich mit der rechten Hand ab und spürte sofort einen großen Schmerz.
Bruch rechts, leicht verschoben.
Bruch wird im Krankenhaus von Bad Süßen gerichtet.
Verband: große Gipsschale.

Reisebericht

Verheerende Brände in Australien
Canberra: Bei Wüstenbränden in Australien sind mindestens 171 Menschen ums Leben gekommen. Der australische Premierminister bezeichnete die Brände am Montag unter Tränen als „die größte Naturkatastrophe, die dieses Land erlebt hat.“ … (Urs Wälterin)

Erzählen

Es gibt sehr viele Formen von Erzählungen und Geschichten.

› Ich kreuze an.

	Habe ich schon geschrieben.	Schreibe ich gerne.	Schreibe ich nicht gerne.	Lese ich gerne.
Wahre Erlebnisgeschichten				
Erfundene Erlebnisgeschichten				
Bildergeschichten				
Nacherzählungen				
Fantasiegeschichten				
Gruselgeschichten				
Gespenstergeschichten				
Hexengeschichten				
Vampirgeschichten				
Traumgeschichten				
Krimis				
Drehbücher				
Märchen				
Liebesgeschichten				
Abenteuergeschichten				

Mit der Überschrift verrate ich, ob meine Geschichte von einem wahren Erlebnis erzählt oder ob ich mir eine Geschichte ausgedacht habe.

› Ich male aus. wahres Erlebnis ! erfundene Geschichte

Schmetterlingspiraten im Anmarsch

Die eifersüchtigen Regenwürmer

Prügelei an der Bushaltestelle

Mein kichernder Hund

Mein erster Schultag

Der kleine Zauberer

Geisternacht

Zerstritten!

Zu schnell!

Verloren!

Der erste Schnee

Goldregen über meinem Haus

Hochwasser in der Teetasse

Zickenkrieg in Klasse 4

Ideen sammeln und ordnen

Es hilft mir, vor dem Schreiben eines Textes Ideen, notwendige Informationen und treffende Wörter zu sammeln und zu ordnen.

Informationen für einen Sachtext sammeln

Ich überlege, was ich über ein Thema schon weiß.

Ich frage mich, was ich zu dem Thema noch wissen will. Die Fragen schreibe ich auf.

Lexikon
Internet
Expertenbefragung

Ich sammle Informationen, schreibe sie auf und markiere wichtige Stichwörter.

Das Meerschweinchen ist kein Schwein, sondern ein Nagetier.

Ideen für eine Geschichte sammeln

Ich schreibe alles, was mir zu meiner Geschichte einfällt, in einen Ideenkranz.

oder

Ich bilde mit meinen Einfällen einen Cluster. Das sind Gedankenketten.

! claster

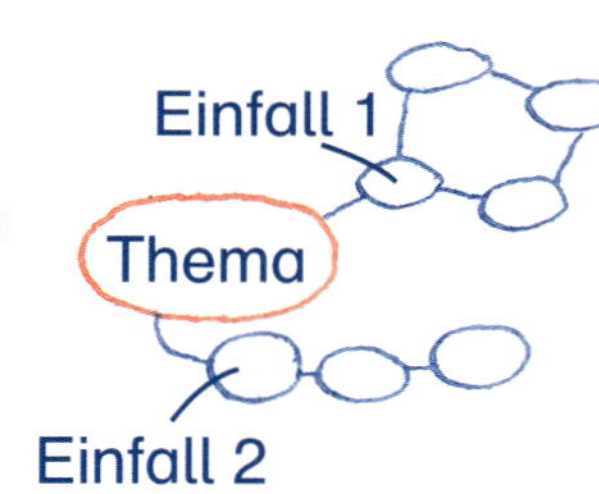

oder

Ich stelle ein Ideen-Abc zusammen.

Ins Wasser gefallen	Krimi
A abgerutscht	A Alibi
B Boot	B Beweis
C ——	C chaotisch

Treffende Wörter sammeln

Ich sammle treffende Adjektive, Verben und Nomen.

Wörter für eine Streitgeschichte:
streitsüchtig, sich zanken,
die Reiberei

Ich suche Fachbegriffe zu meinem Thema.

Wetter: Tau, Nebel

Informationen und Ideen ordnen

Ich ordne in einer Mindmap meine Ideen in Ober- und Unterbegriffe.

! meindmäpp

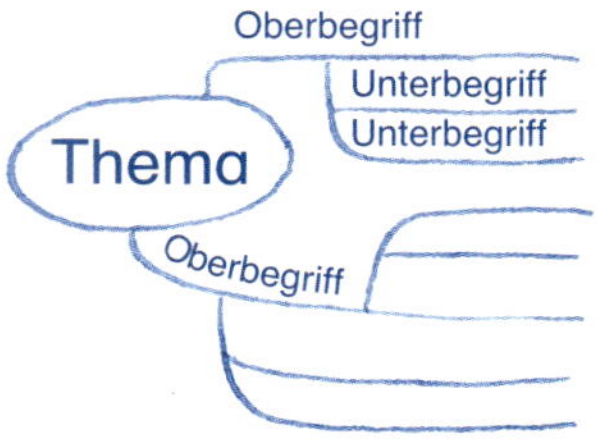

oder

Ich ordne meine Ideen, indem ich Fragen stelle.

Wer? Wo? Wann? Warum?

oder

Ich lege eine Tabelle an.

Aussehen	Größe	Farbe

oder

Ich erstelle einen Steckbrief.

Informationen für einen Sachtext sammeln

Um einen Sachtext zu schreiben, benötige ich Informationen über das, worüber ich informieren möchte.

› Ich schreibe auf, was ich über die Fledermaus weiß und was ich wissen will.

Ich weiß	Ich will wissen

› Ich kreuze an, wo ich mich über die Fledermaus informiere.

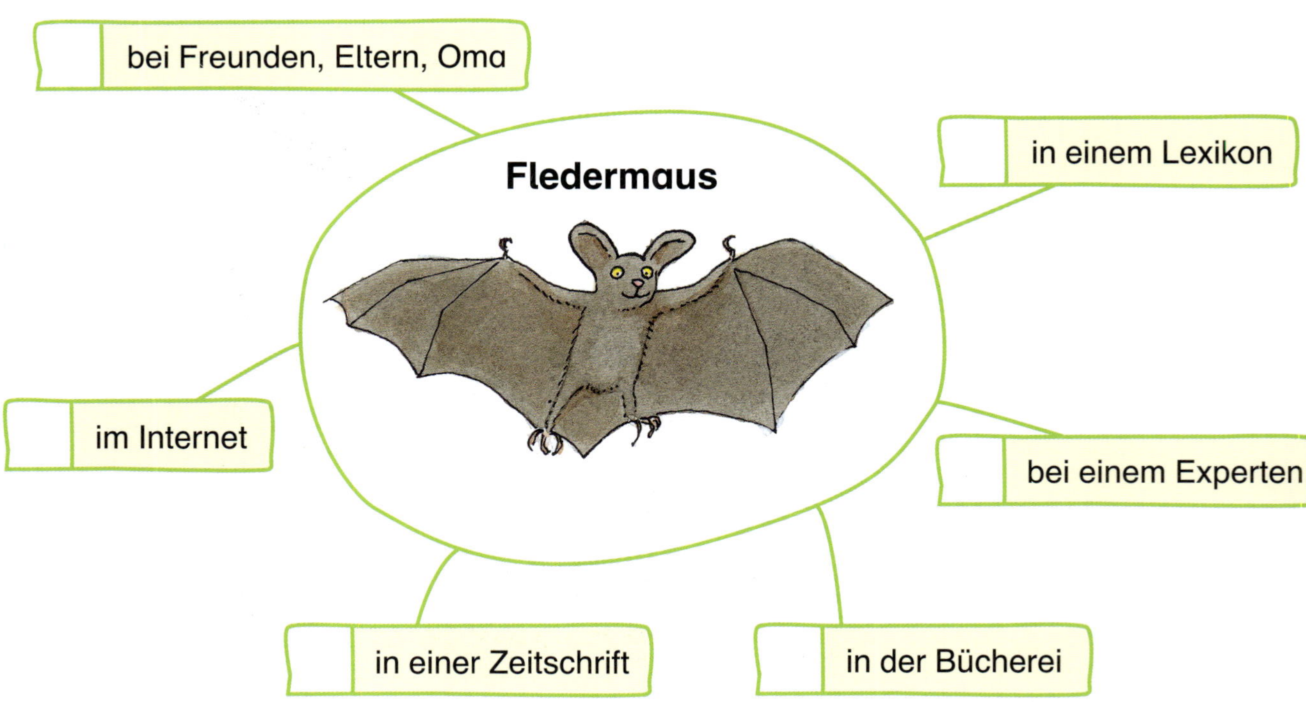

Informationen für einen Sachtext sammeln

› Ich markiere wichtige Stichwörter und schreibe sie auf die Kärtchen.

die Fledermaus

Echo

Fledermäuse fliegen wie Vögel, gehören aber zu den Säugetieren. Ihre Flügel bestehen nicht aus Federn, sondern aus einer dünnen Haut, die zwischen den stark verlängerten Fingerknochen ausgespannt wird. Bei den meisten Arten reicht diese Flughaut bis zu den Beinen und zum Schwanz.
Auf der ganzen Welt leben über 2000 verschiedene Fledermausarten, die meisten davon in den warmen Tropen. Bei uns sind nur wenige Arten heimisch und viele sind vom Aussterben bedroht. Die größte heimische Fledermaus ist mit einer Flügelspannweite von 35 Zentimetern das Mausohr.
Die meisten Fledermäuse sind nachtaktiv und orientieren sich anhand des Echos hoher Schreie, die sie selbst ausstoßen. Mit dieser Methode finden sie auch ihre Beute, vorwiegend Schmetterlinge und andere fliegende Insekten. Die großen tropischen Flughunde ernähren sich von Früchten. Feinde der Fledermäuse sind Eulen, Greifvögel und Katzen.

(aus: Duden Grundschul-Lexikon, S. 74)

Unbekannte Wörter schlage ich nach.

Ideen für eine Geschichte sammeln

Wenn ich eine Geschichte schreiben möchte, sammle ich meine Einfälle dazu und sortiere sie.

› Ich ergänze den Ideenkranz mit meinen Einfällen zum Thema.

› Ich wähle ein Thema, über das ich gerne eine Geschichte schreiben würde, und schreibe dazu meine Gedanken in einen Ideenkranz.

Geisternacht
Zerstritten
Liebeskummer
Verpasst!

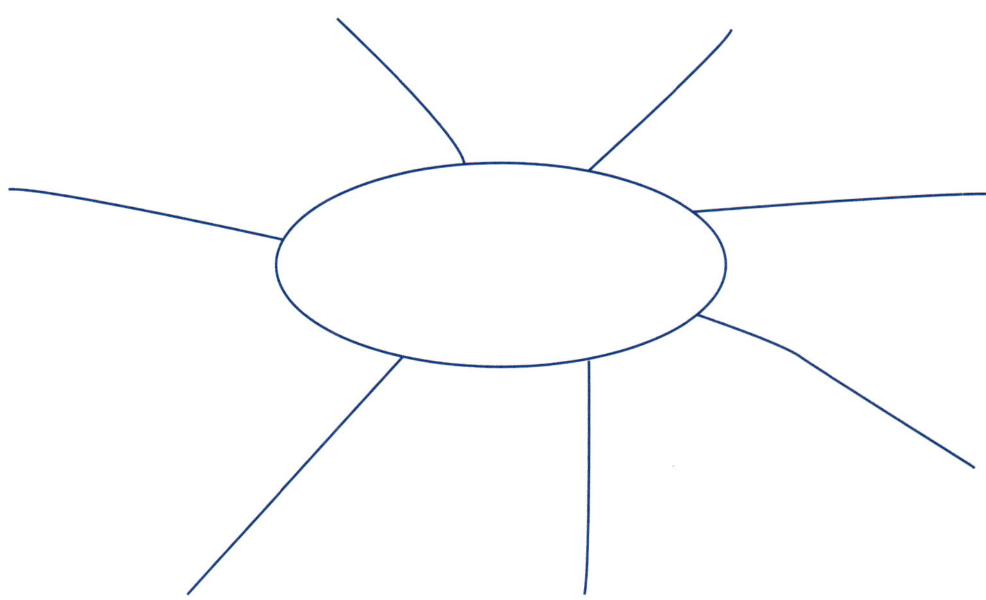

Ideen für eine Geschichte sammeln

Fürs Schreiben hilft es, wenn ich meine Gedanken zu Gedankenketten verbinde.

› Ich untersuche den Cluster und male die Gedankenketten zum Thema „Jeanskauf“ verschiedenfarbig an. Ich ergänze meine Ideen.

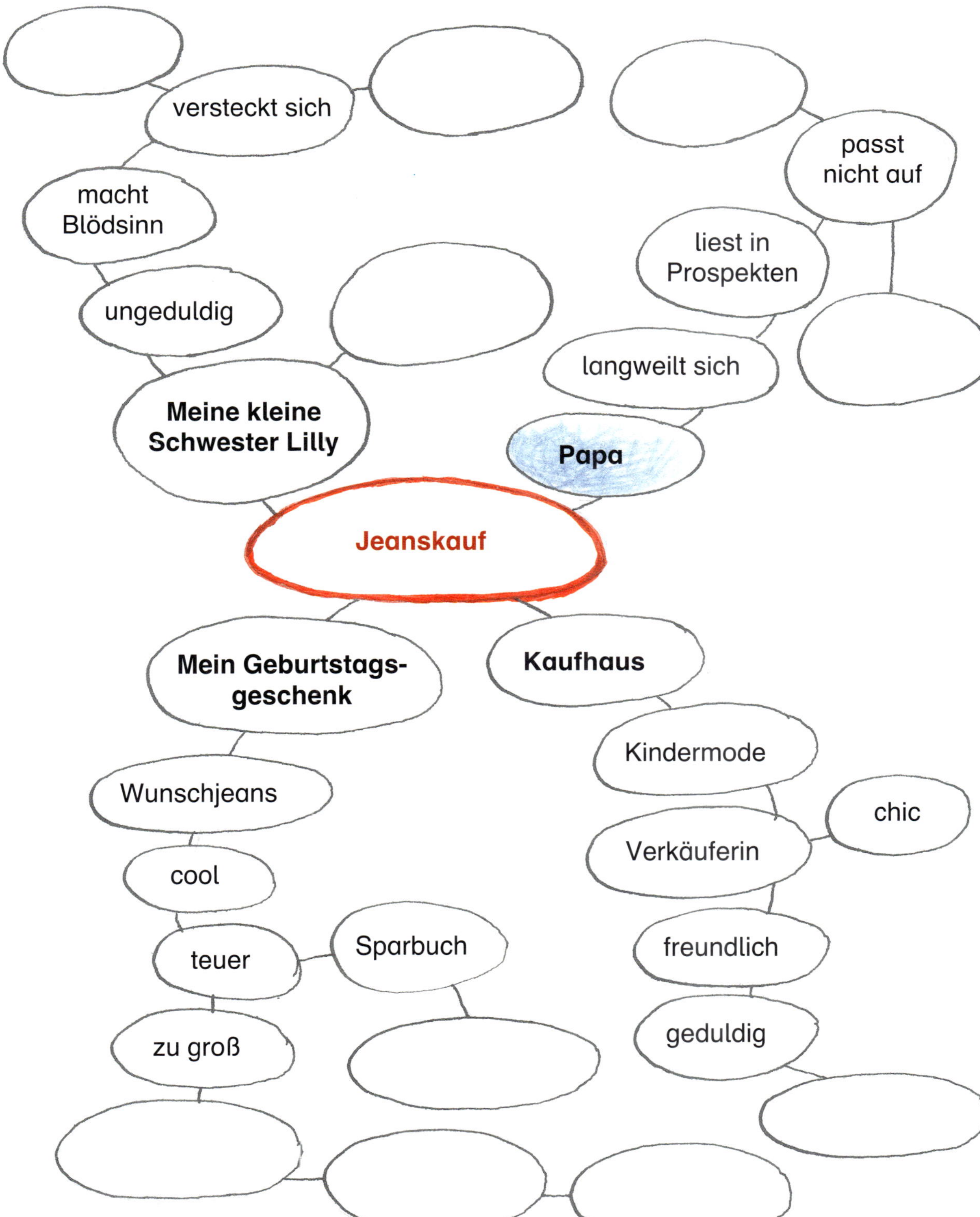

Ideen für eine Geschichte sammeln

Wenn ich Wörter von A bis Z zu meinem gewählten Thema sammle, entstehen oft gute Ideen.

› Ich ergänze das Ideen-Abc mit meinen Einfällen.

Thema: Ins Wasser gefallen		Thema: Gummibären in Not	
A		A	
B		B	
C		C	
D		D	dicke Luft
E	eiskalt	E	eng
F		F	
G		G	
H	Hilfe	H	hoch hinaus
I		I	
J		J	
K		K	
L		L	
M		M	
N		N	
O		O	
P		P	Platz
Q, R		Q, R	
S		S	
T	trocknen	T	Tüte
U		U	
V, W		V, W	
X, Y, Z		X, Y, Z	zanken

Treffende Wörter sammeln

Wenn ich vor dem Schreiben Wörter zu meinem Thema sammle, fällt es mir anschließend leichter, auszudrücken, was ich meine.

› Für die Beschreibung dieses Hundes suche ich passende Wörter aus und trage sie ein.

Schau nach unter:
Ohren
lang
braun

Körper:
groß, klein,
lang, kurz,
lang gestreckt,
~~kräftig~~

Schnauze:
eckig, rund, flach,
spitz, gerade, platt

Augen:
dunkelbraun, hellbraun,
blau, eng stehend, weit
auseinander stehend

Ohren:
oval, Tütenohren,
Schlappohren, Hänge-
ohren, schmal

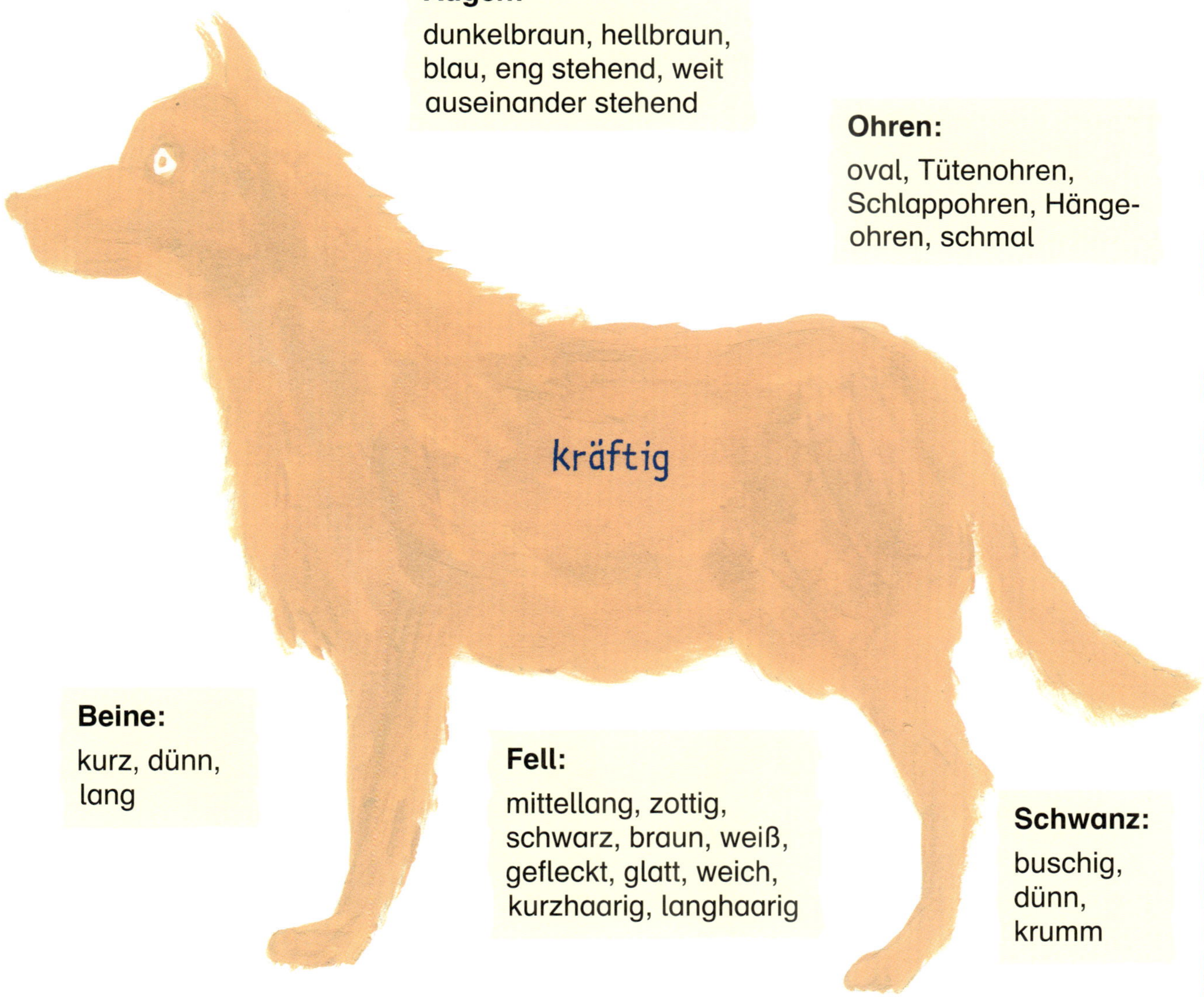

Beine:
kurz, dünn,
lang

Fell:
mittellang, zottig,
schwarz, braun, weiß,
gefleckt, glatt, weich,
kurzhaarig, langhaarig

Schwanz:
buschig,
dünn,
krumm

Treffende Wörter sammeln

Mit Fachbegriffen kann ich manchmal genauer sagen, worum es geht. Ich informiere mich und schlage nach, wenn ich einen Fachbegriff nicht kenne.

› Ich ordne die Fachbegriffe den Erklärungen zu.

Schweif	die Nasenlöcher eines Pferdes
Nüstern	der hintere Körperteil beim Pferd
Kruppe	der vordere Körperteil beim Pferd
Fessel	dichtes Haar am Kopf, Nacken und Hals eines Tieres
Schopf	ein Teil des Beins zwischen Fuß und Wade
Vorhand	ein langer buschiger Schwanz
Hinterhand	dichtes, kräftiges, kürzeres Kopfhaar; ein Teil der Mähne eines Pferdes
Mähne	der leicht erhöhte hintere Teil eines Pferderückens

› Ich beschrifte die Körperteile des Pferdes mit den Fachbegriffen.

Treffende Wörter sammeln

› Ich sammle Wörter für eine Angstgeschichte und für eine Wutgeschichte.

Schau nach unter:
Angst, Angst haben,
die Wut, wütend sein

Informationen und Ideen ordnen

Mit einer Mindmap ordne ich die Informationen in Oberbegriffe und Unterbegriffe.

› Ich ergänze die Mindmap zum Thema Fledermaus. Auf Seite 19 finde ich passende Unterbegriffe.

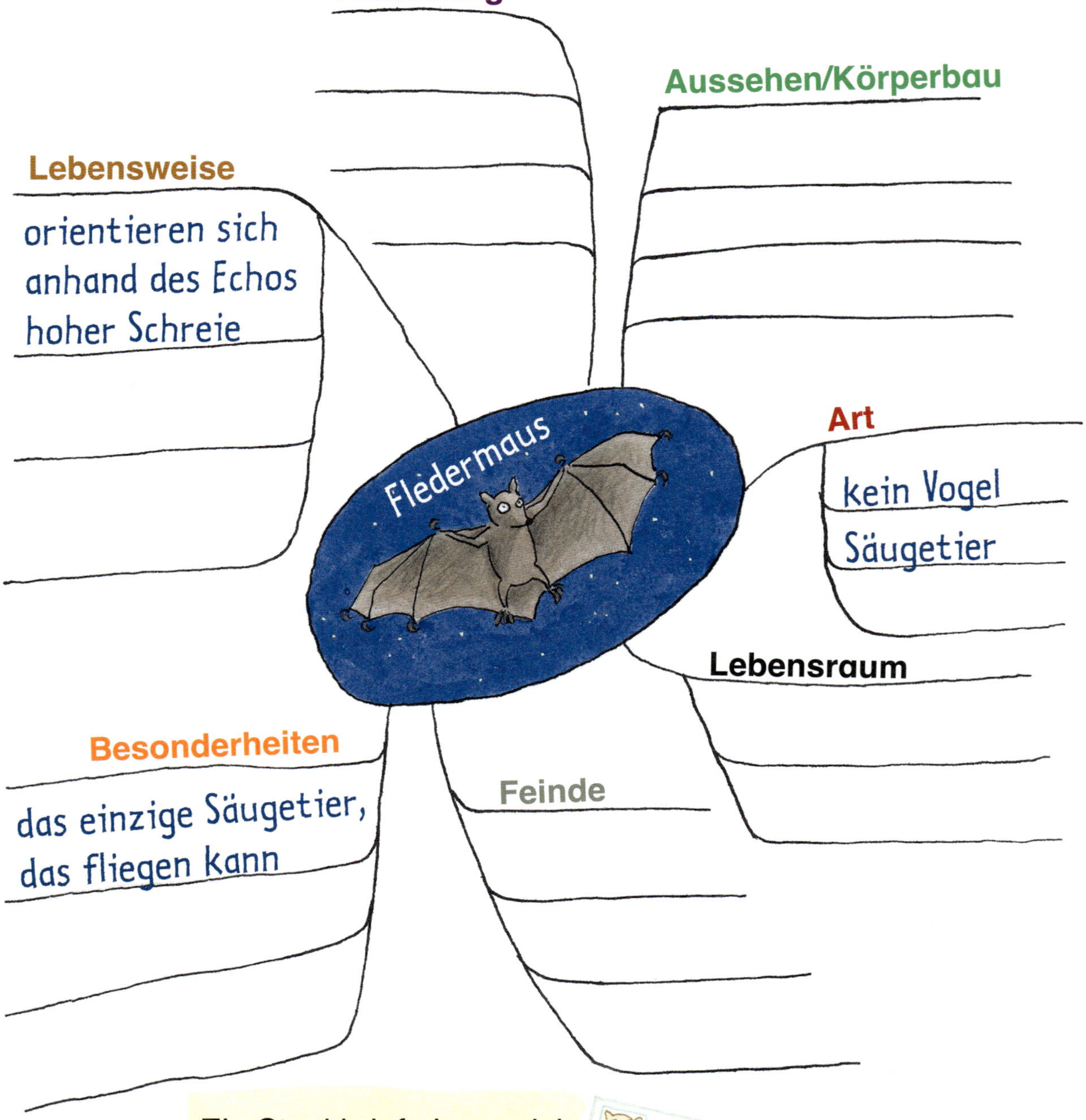

Ein Steckbrief eignet sich auch, um Informationen und Ideen zu ordnen.

Informationen und Ideen ordnen

Auch Fragen helfen mir, ungeordnete Ideen und Informationen zu sortieren.

› Ich untersuche die Wörtersammlung und denke mir etwas zu den Fragen aus.

Strand gucken Wellen tauchen Muscheln Hund Purzel Sinus Felsen Luftmatratze Meer heiß Insel Sommerferien Mia Sonnenbrille Zusammenstoß dicker Mann Fische Taucherbrille Sonnenbrand

Wer spielt in der Geschichte mit?	
Wo spielt die Geschichte?	
Wann spielt die Geschichte?	
Was könnte passieren? Warum?	

Texte schreiben

Manche Texte haben besondere Merkmale. Sie zu kennen und zu beachten, hilft mir beim Schreiben.

Eine Beschreibung aufschreiben

Ich finde wichtige Merkmale, die ich beschreibe. Ich ordne sie vom Ganzen zu den Einzelheiten.

Aussehen
Farbe
Besonderheiten

Ich wähle treffende Adjektive und Nomen, vermeide Wiederholungen und schreibe in der Gegenwartsform.

Einen persönlichen Brief schreiben

Ich achte auf Datum, Anrede, Gruß, Unterschrift, Adresse und Absender.

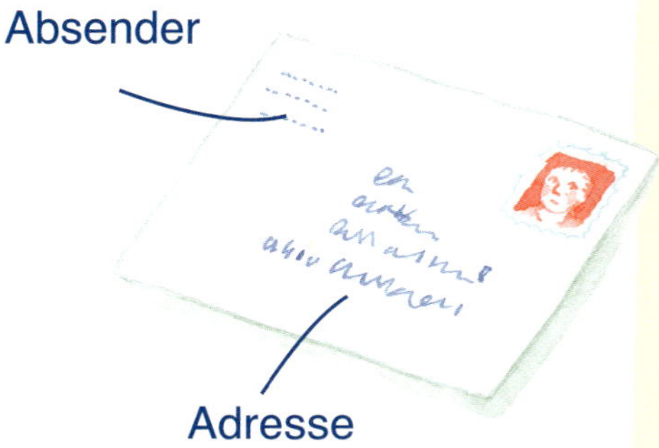

Eine Anleitung schreiben

Ich zähle alles auf, was ich brauche. Dabei benutze ich auch Fachbegriffe.

Material: Kanthölzer, Nägel
Werkzeug: Hammer

Ich achte auf die Reihenfolge der Arbeitsschritte und entscheide mich für eine Form der Ansprache.

Ichform:	Ich säge die Bretter.
Stichwörter:	Bretter aussägen
Befehlsform:	Säge die Bretter aus!

Einen Bericht schreiben

Ich nenne Personen, Ort, Zeit und Umstände.

Wer? Wo? Wann? Wie?

Ich berichte sachlich und schreibe in der Vergangenheitsform.

Gestern fuhr ein ~~blöder~~ Autofahrer …

Ich achte auf wechselnde Satzanfänge.

zuerst, daraufhin, schließlich …

Eine Geschichte schreiben

Geschichten bestehen aus mehreren Teilen. Ich schreibe zu jedem Teil etwas auf.

Einleitung: Wer? Wann? Wo?
Hauptteil: Was passiert?
Schluss: Wie endet die Geschichte?

Ich schreibe auf, was Personen denken, fühlen und sagen.

Ich drücke mich genau aus und vermeide Wiederholungen.

„Alles wird gut“, ~~sagte~~ tröstete mich meine Oma.

Ich wähle eine Überschrift, die neugierig macht.

Kletterpartie gescheitert!

Eine Beschreibung aufschreiben

› Ich schreibe die Merkmale der Beschreibung über die Textabschnitte.

1. Aussehen | 2. Größe | 3. Farbe | 4. Material | 5. Inhalt | 6. Besondere Kennzeichen

Verschwunden!

Ich vermisse meinen Rucksack seit Montag, den 8. April. Ich habe ihn im Pausenhof stehen lassen.

____

In den beiden Fächern meines Rucksacks befinden sich drei Schulhefte, zwei Schulbücher, ein knallgelbes Federmäppchen und eine lila Pausenbrotdose.

____

In der Netztasche sitzt mein kleiner Dino, und die Aufhängeschlaufe ist ausgerissen.

____

Der Rucksack ist aus Polyester.

1. Aussehen

Mein Rucksack wird mit einer Deckelklappe auf- und zugemacht. Auf der Vorderseite befindet sich eine Vortasche mit Reißverschluss. Die Schultergurte und der Rücken sind gepolstert. Oben ist eine Aufhängeschlaufe befestigt, an der Seite eine Netztasche.

____

Mein Rucksack ist 30 cm hoch.

____

Der Rucksack ist leuchtend rot gemustert, die Tragegurte sind orange und das Hexenmotiv auf der Vortasche ist blau.

Bitte beim Hausmeister oder im Sekretariat abgeben!

Eine Beschreibung aufschreiben

› Ich markiere die Sätze in der passenden Farbe.

Art Aussehen Größe

Lebensraum Ernährung

Besonderheiten

Die Gliederung nach Merkmalen hilft mir, jeden Sachtext in sinnvolle Abschnitte zu gliedern.

Der Marienkäfer

Der Marienkäfer gehört zu der Gruppe der Insekten.

Er ernährt sich von Schildläusen und Blattläusen.

Der bekannteste Marienkäfer in Deutschland ist der Siebenpunkt.

Da, wo es Läuse gibt, lebt der Marienkäfer: auf Wiesen, in Gärten, im Wald.

Es gibt sehr viele verschiedene Arten.

Seine roten Flügeldecken sind mit schwarzen Punkten bedeckt.

Bis zu 600 Läusen frisst die Larve des Marienkäfers.

Marienkäfer werden verschieden groß.

Bei Menschen gilt der Marienkäfer als Glücksbringer.

Sie können zwischen 1 und 11 mm groß werden.

Die Unterseite ist meistens schwarz.

Marienkäfer stellen sich bei Berührung tot. Sie verfallen in einen Starrezustand. Gleichzeitig sondern sie eine stinkende gelbliche Flüssigkeit ab. Das hält manche Feinde erfolgreich fern.

Im Winter ruht er in einem Versteck.

Eine Beschreibung aufschreiben

Bei einer Beschreibung kommt es darauf an, treffende Adjektive und Nomen zu verwenden.

› Ich beschreibe ein Kind, das ich kenne, oder eine Fantasiefigur. Die Leitfragen und die Wörtersammlung auf Seite 33 helfen mir dabei.

Ich male:

Leitfragen:

Wen beschreibe ich?

Wie sieht die Person aus?

Wie ist die Person gekleidet?

Wie spricht die Person?

Welche Hobbys hat die Person?

Welche besonderen Eigenschaften hat die Person?

Beschreibungen werden in der Gegenwartsform geschrieben.

Eine Beschreibung aufschreiben

› Ich markiere Wörter, die ich verwenden möchte.

Person: eine Freundin, ein Freund, eine Verwandte, eine Romanfigur, eine Fantasiefigur, ein Junge, ein Mädchen

Körperbau: groß, klein, schlank, zierlich, dünn, mager, etwas mollig, dick, sportliche Figur, lange, kurze Beine, große Hände

Gesicht: runde Gesichtsform, ovale Gesichtsform, blass, pausbäckig, Sommersprossen, Stupsnase, schmale Nase, spitzes Kinn, schmaler, breiter Mund, große, weiße, spitze, kleine Zähne, abstehende Ohren

Augen: grün, blau, grau, braun, blaugrau, grünbraun, dunkel, hell, klein, groß, lange und dichte Wimpern und Augenbrauen

Haare: lang, kurz, nach hinten gekämmt, Glatze, blond, dunkelblond, schwarz, grau, rotblond, hellbraun, gefärbt, blond gesträhnt, Locken, glänzend, Pferdeschwanz, Kurzhaarschnitt, unfrisiert

Kleidung: modisch gekleidet, einfache Kleidung, bunte, einfarbige, gemusterte Pullis und Hosen, modische, altmodische, ausgetretene, neue Schuhe

Sprechweise: sehr leise, nuschelt ein bisschen, laut und deutlich, sehr schnell und abgehackt, schreit und brüllt, redet viel

Hobbys: lesen, Fahrrad fahren, Fußball spielen, Musik hören, Computer spielen, mit Puppen spielen, fotografieren, Sachen sammeln, Schlittschuh laufen, schwimmen

Besonderheiten: trägt Zahnspange, Ohrringe, Schnurrbart, gerne Schmuck (Ringe, Ketten), Brille, schmiert gerne Gel ins Haar, Tattoo am Arm, abstehende Ohren, bewegt sich gerne, lacht viel, macht gerne Witze

Eine Beschreibung aufschreiben

› Ich markiere die Wiederholungen in dieser Beschreibung.

Das Flusspferd

Es ist ein Säugetier. Es ist in Afrika in der Nähe von Wasserstellen zu Hause. Es ist eines der schwersten Tiere. Es hat einen Körper wie ein Fass. Es hat einen wuchtigen Kopf. Es hat einen bräunlichen Leib. Es hat kurze Beine. Es ist an Land sehr schnell. Es hat Zehen mit Schwimmhäuten. Es ist ein schlechter Schwimmer. Es ist nicht mit den Pferden verwandt.

› Ich trage die fehlenden Wörter ein. So erhalte ich eine interessantere Beschreibung.

Das Flusspferd

Das ______________ lebt in ___________ , immer in der Nähe von

____________________ .

Es gehört zu den _________________________ der Welt. Sein

___________ sieht aus wie _____________ . Auf seinem großen,

__________________ gefärbten Leib sitzt ein ________________

Kopf. An Land kann es auf seinen ___________ Beinen

____________________ laufen.

Trotz der _________________________ zwischen den Zehen, kann

es nicht __________________ . Mit den _____________ ist es trotz

seines Namens ______________________ .

Einen persönlichen Brief schreiben

In einem Brief kann ich über etwas informieren, um Informationen bitten oder etwas erzählen. Er hat eine besondere Form. Auf die Form achte ich.

› Ich markiere in dem Brief die wichtigen Teile eines Briefes in der passenden Farbe und ergänze, was fehlt.

Brieftext

Grußformel

Ort und Datum

Unterschrift

Anrede

Mannheim, den 16. Juli ________

Liebe ____________ ,

mit dem Wohnwagen machen Papa, Leo und ich Ferien am Stechlinsee. Der liegt in Brandenburg. Ein toller See! Stell Dir vor, das Wasser ist so klar, dass man 11 m hinuntersehen kann. Wir fahren Boot, tauchen, schwimmen und angeln.

Gestern habe ich einen Fisch geangelt, eine kleine Moräne. Sie ist gar nicht so klein, sondern 35 cm lang, also länger als mein Lineal, mit dem ich sie gemessen habe. Papa will sie heute Abend grillen. Das ist eigentlich gemein, findest Du nicht auch?

Dir bringe ich lieber einen Schokoladenfisch mit.

Schöne ____________

____

Eine Anleitung schreiben

Eine Anleitung wird nur dann verständlich, wenn ich die genauen Namen der Dinge und Tätigkeiten kenne und die Arbeitsschritte in der richtigen Reihenfolge aufschreibe.

› Ich kreuze die in den Arbeitsschritten genannten Zutaten blau und die Geräte rot an und unterstreiche die Verben.

Arme Ritter
für 4 Personen

Eier und Milch in einem Suppenteller verquirlen und in eine flache Form gießen

Brotscheiben gut darin einweichen

Butter in einer Pfanne auslassen

Brotscheiben hineinlegen und von einer Seite braten lassen

Brotscheiben wenden und braten, bis sie knusprig sind

Mit Zimt und Zucker bestreuen

› Ich schreibe die Zutaten und Geräte auf, die ich für das Rezept „Arme Ritter“ brauche.

Zutaten: ____

____

Geräte: ____

____

Wie könnte ein Rezept für „Reiche Ritter“ aussehen?

Eine Anleitung schreiben

› Ich beschreibe, wie man ein Hörrohr baut. Dabei verwende ich abwechslungsreiche Satzanfänge.

Bauanleitung: Hörrohr
Material: Schlauchstück, Klebeband, Butterbrotpapier, Trichter
Werkzeug: Schere, Bleistift

zuerst

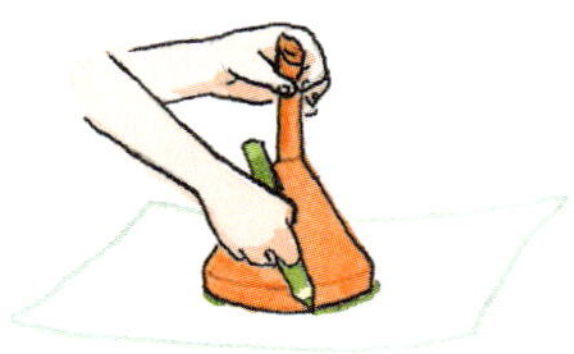

Trichter umkreisen

dann

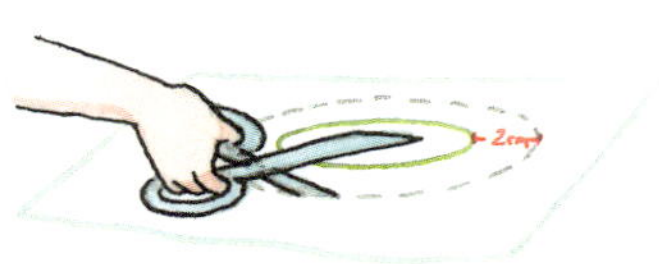

Rand von 2 cm malen

anschließend

Klebeband

danach

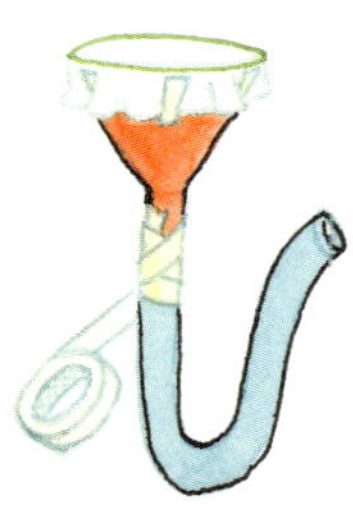

umwickeln

schließlich
offenes Schlauchende

zum Schluss

Was passiert?

Zuerst lege ich ______________________

____

____

____

____

____

____

____

____

____

____

____

____

Anleitungen kann ich auch in der Du- oder Befehlsform schreiben.

Einen Bericht schreiben

Wenn Unfälle passieren, muss fast immer ein Unfallbericht für die Versicherung geschrieben werden.

› Ich untersuche den Unfallbericht und streiche alle persönlichen Meinungen durch.

Gestern, am 23. 03. 09, gegen 10.30 Uhr, als ich gerade in mein Pausenbrot beißen wollte, wurde der Schüler Noah auf dem Schulhof der Brüder-Grimm-Schule verletzt. Der Unfall geschah so: Einige ziemlich freche Kinder kletterten am Klettergerüst um die Wette. Als Noah schon beinahe oben war, wurde er von der neidischen Sina richtig gemein am T-Shirt festgehalten. Er verlor das Gleichgewicht und stürzte nach unten. Dabei schlug er sich die Stirn auf. Ich bin ziemlich erschrocken, weil ich eigentlich kein Blut sehen kann. Gesehen haben den Unfall auch noch Enis und Harkan. Auch Alex, meine beste Freundin, war Zeugin.

› Ich fülle den Fragebogen aus.

Wo und wann ist der Unfall passiert?	
Wer war am Unfall beteiligt?	
Wie kam es zu dem Unfall?	
Wer wurde verletzt?	
Was war die Folge?	
Wer hat den Unfall gesehen?	

Einen Bericht schreiben

› Ich schreibe den Bericht über den Ausflug weiter und achte auf unterschiedliche Satzanfänge.

Besuch im Zoo

Gestern, am 04. 05. 09, besuchte unsere Klasse, die 3 a der Astrid-Lindgren-Schule, den Zoo. Wir trafen uns um 8.00 Uhr an der Bushaltestelle. Nach einer halben Stunde Fahrt kamen wir am Zoo an. Dort erwartete uns schon unsere Führerin. Zuerst

Zum Schluss

Schau nach unter: zuerst, dann, jetzt, schließlich

Eine Geschichte schreiben

Die drei Teile einer Geschichte ergeben immer einen Spannungsbogen. Den baue ich in verschiedenen Erzählschritten auf.

› Ich nummeriere die Erzählschritte in der richtigen Reihenfolge.

Einleitung | Hauptteil | Schluss

☐ Wohlbehalten konnten wir nun unseren kleinen, ausgehungerten und frierenden Kater in den Arm nehmen.

☐ „Tiger wird erfrieren“, jammerte ich. „Er wird verhungern“, schluchzte Biene, meine kleine Schwester. „Ihr habt recht, wir werden jetzt etwas tun“, beruhigte uns Mama. Sie rief die Feuerwehr. Die war sofort zur Stelle.

☐ Im Haus tapste Tiger sofort an seinen Futternapf. Anschließend sprang er in sein Körbchen, reckte und schleckte sich und schlief stundenlang.

☐ Ein Feuerwehrmann stellte seine hohe Leiter an die Trauerweide, stieg hinauf und wollte Tiger packen. Der aber kletterte vor Angst und Schrecken weiter hinauf in die dünnen, unerreichbaren Äste des Baumes. „Und jetzt?“, fragten wir alle ratlos. Da hatte der Feuerwehrmann eine tolle Idee.

☐ Plötzlich sauste Bazi, der kleine Jack Russel unserer Nachbarin, um die Ecke. Tiger flüchtete blitzschnell auf die Trauerweide. Er wollte nicht mehr herunterkommen. Zwei Tage lang saß er da oben in der Kälte und miaute kläglich.

☐ Er holte aus dem Feuerwehrauto seine Frühstückstüte, kramte einen Wurstzipfel heraus und band ihn an einen langen Stock. Den hielt er Tiger entgegen. Tiger war so ausgehungert, dass er dem Angebot nicht widerstehen konnte und sich vorsichtig dem Leckerbissen näherte. Stück für Stück, langsam und mit ruhiger Hand zog der Feuerwehrmann den Stock immer weiter zu sich her. Wir konnten es vor lauter Spannung kaum aushalten. Sobald der Feuerwehrmann Tiger greifen konnte, packte er zu. Tiger war gerettet.

☐ Es waren sehr kalte Tage im letzten Winter, kurz vor Weihnachten. Unser junges Kätzchen Tiger machte trotzdem seine ersten Schritte draußen vor der Tür. Vorsichtig setzte es eine Pfote vor die andere.

Eine Geschichte schreiben

› Ich kreuze an, welche Überschriften mich neugierig machen oder mich sogar anregen, eine Geschichte zu schreiben.

Überschriften	Das macht mich neugierig.	Darüber würde ich gerne eine Geschichte schreiben.
Mäusefest in der Käsetheke		
Eine Fußballgeschichte		
Einkaufskorb verschwunden		
Können Fische ertrinken?		
Bär Bor und Affe Uff		
Eine Kuhgeschichte		
Eine Geschichte vom Spielplatz		
Mira, die fliegende Kuh		
Als ich einmal Boot gefahren bin		
Eine Katzengeschichte		
Eins zu null für Fatma		
Versenkt und für immer verloren!		
Donnerwetter		
Als wir einmal ins Gewitter kamen		
Oktopus setzt Zoo unter Wasser		
Als ich einmal einkaufen ging		

› Ich denke mir eine spannende Überschrift für die Geschichte auf Seite 40 aus und schreibe sie auf.

auf Seite 40

____

Eine Geschichte schreiben

Meine Geschichte wird lebendiger, wenn ich beschreibe, was die Figuren sehen, ertasten, hören, riechen und spüren.

› Ich schreibe meine Ideen auf.

modrig

gespenstische Schatten

dumpf

schwül

helle Blitze

unheimlich

stockdunkel

vor Angst zittern

feuchte Wände

sich gruseln

glitschiger Schlamm

eine Gänsehaut kriegen

dunkles Rauschen

kaum zu atmen wagen

furchterregendes Echo

Herzklopfen

gleichmäßiges Tropfen und Plätschern

Was könnte Irina gesehen haben?

Irina sah ______________________________

Schau nach unter: dunkel

Was könnte sie gehört haben?

____

Was könnte sie gerochen haben?

____

Was könnte sie gefühlt haben?

____

Was könnte sie gespürt haben?

____

Eine Geschichte schreiben

› Ich beschreibe die Szene in wörtlicher Rede. Bei den Begleitsätzen setze ich verschiedene Wörter für „schimpfen“ ein.

schnauben
meckern
toben
zetern
~~fluchen~~

Der Schiedsrichter zeigt die gelbe Karte.

Nick flucht: „

Schau nach unter: schimpfen

Eine Geschichte schreiben

Wiederholungen eines Wortes machen einen Text langweilig. Anstatt der Wiederholungen kann ich manchmal Wörter einsetzen, mit denen sich genauer ausdrücken lässt, was ich meine.

› Ich suche nach Wörtern, die dieselbe, fast dieselbe oder eine ähnliche Bedeutung wie die folgenden Wörter haben, und schreibe sie auf.

Eine Geschichte schreiben

Redewendungen machen einen Text abwechslungsreicher und lebendiger.

› Ich schlage die Bedeutung der Redewendung nach und verbinde mit dem passenden Wort.

Steine aus dem Weg räumen

aus dem Nähkästchen plaudern

aus dem Ärmel schütteln

- ordentlich
- verraten
- helfen
- stören
- können
- erfinden

wie aus dem Ei gepellt

einen Bären aufbinden

gegen den Strich gehen

Eine Geschichte schreiben

Langweilige Wiederholungen vermeide ich, indem ich Sätze umstelle und für das Nomen ein anderes Nomen oder das Personalpronomen wähle.

› Ich stelle die Satzglieder um.

Mira kletterte über den Zaun.

Mira | bemerkte | viel zu spät | den großen Hund.

Das Tier sprang herbei.

Der Vierbeiner | fletschte | gefährlich | seine Zähne.

Tim griff nach seinem Wurstbrot.

Tim | warf | es | blitzschnell | dem Köter | vor die Füße.

Der Hund war sofort abgelenkt.

Der Hund | fraß | genüsslich | das Wurstbrot.

Und Mira? Sie war gerettet.

Eine Geschichte schreiben

› Ich bilde aus einem langen Satz mehrere kurze Sätze, damit die Leser alles gut verstehen können.

In der Steinzeit kannte man noch kein Metall und deshalb wurden in der Steinzeit alle Geräte aus Stein hergestellt und das war so ungefähr vor über drei Millionen Jahren.

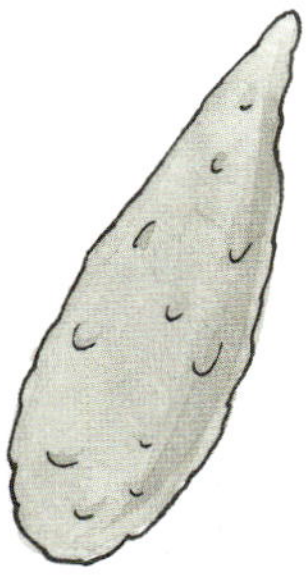

Fynn und Carla dürfen heute bestimmen, was gemacht wird, und deshalb gibt es schon zum Frühstück Pfannkuchen und die beiden müssen auch nicht den Tisch abräumen, sie fahren nämlich gleich an den See.

Fatma traute ihren Augen nicht, denn sie sah auf der Birke einen Vogel mit ihrem Stirnband sitzen, das er wohl für seinen Nestbau verwenden wollte, und sie verstand gar nicht, wie er das hatte klauen können.

Texte überarbeiten

Ein Text muss oft mehrmals überarbeitet werden, bis er perfekt ist. Prüffragen zum Inhalt und zur Gliederung, zur Sprache und zur Rechtschreibung helfen mir, Texte zu überarbeiten.

Inhalt und Gliederung

Passt die Überschrift zum Text?

Ist der Text gegliedert und in der richtigen Reihenfolge aufgeschrieben?

Beschreibung:	Merkmale
Anleitung:	Arbeitsschritte
Bericht:	Wer? Wo? Wann? Was?
Geschichte:	Einleitung, Hauptteil, Schluss
Brief:	Anrede, Grußformel, Unterschrift, Absender, Adresse

Ist der Text verständlich?

Ist der Text vollständig?

Personen:	Wer?
Ort:	Wo?
Zeit:	Wann?
Verlauf:	Was geschieht?
Folge:	Was folgt daraus?

Sprache: Wahl der Wörter

Passt die Sprache zum Text?

Bericht, Anleitung:	knapp und sachlich
Beschreibung:	sachlich
Geschichte:	lebendig

Werden treffende, passende Wörter verwendet?

Fachbegriffe, genaue Bezeichnungen

Werden Wortwiederholungen vermieden?

Überprüfen, zum Beispiel:
- „hat“ und „ist“
- „machen“ und „tun“
- „gehen“ und „sagen“

Sprache: Satz für Satz

Wird die wörtliche Rede eingesetzt?

Werden abwechslungsreiche Satzanfänge gewählt?

Sind die Sätze vollständig und gut verständlich?

Ist die richtige Zeitform gewählt?

Satzanfänge: zuerst, zuletzt

Sätze erweitern:
Ich sah das Auto. Ich bremste.
Ich sah das Auto und bremste.

Satzglieder umstellen:
Ich hatte Angst. Ich kroch schlotternd unter die Decke.
Ich hatte Angst. Schlotternd kroch ich unter die Decke.

Nomen durch Pronomen ersetzen:
Die Leiter stand im Weg.
Die Leiter störte mich.
Die Leiter stand im Weg.
Sie störte mich.

Beschreibung, Anleitung in der Gegenwartsform
Bericht, Erzählung in der Vergangenheitsform

Rechtschreibung

Wurde auf die Rechtschreibung geachtet?

- Großschreibung der Satzanfänge und Nomen
- Kurze und lange Vokale
- An- und Auslaute
- Wortbausteine
- Anredepronomen
- Worttrennung
- Satzzeichen

Inhalt, Gliederung, Sprache, Rechtschreibung

› Ich lese die Prüffragen und die Beschreibung auf Seite 51 durch und kreuze an.

Prüffragen zur Beschreibung

Inhalt und Gliederung	ja	teil-weise	nein
Passt die Überschrift zum Text?			
Sind wichtige Merkmale genannt?			
Ist der Text klar vom Ganzen zu den Einzelheiten gegliedert?			

Sprache	ja	teil-weise	nein
Sind treffende Adjektive und Nomen verwendet?			
Werden passende Fachbegriffe verwendet?			
Sind die Wörter „hat“ und „ist“ durch andere Wörter ersetzt?			
Sind die Sätze abwechslungsreich gebildet, und werden Wiederholungen vermieden?			
Ist der Text in der Gegenwartsform geschrieben?			

Rechtschreibung	ja	teil-weise	nein
Stimmt die Rechtschreibung (Großschreibung, Satzzeichen)?			

Inhalt, Gliederung, Sprache, Rechtschreibung

› Ich lese den Überarbeitungshinweis und markiere im Text die dazugehörige Stelle.

Ein Tier

Die Erdkröte gehört zur Art der Froschlurche. Sie kommt häufig bei uns vor. Früher mochte ich keine Kröten. Die Oberseite ihres Körpers ist braun. Sie hat viele kleine Höcker, die wie kleine Warzen aussehen. Die Bauchseite hat eine hellere Farbe. Die Augen der Erdkröte schimmern golden. Ihre Pupillen sind waagerecht gestellt. Das Weibchen ist 13 – 15 cm groß, das Männchen ein wenig kleiner.

Erdkröten ernähren sich von Spinnen, Schnecken, Würmern und anderen Bodentieren.

Wiesen, Gärten und Wald sind der Lebensraum der Erdkröte. In Wiesen, Gärten und im Wald lebt sie unter Laub versteckt oder in Erdlöchern. Nachts und in der Dämmerung werden die Kröten aktiv.

Zur Paarungszeit Ende März trugen die Weibchen die männlichen Kröten zu den Laichgewässern. Dort legten sie eine Laichschnur ab, die 2000 bis 5000 Eier enthält.

Viele Kröten werden auf ihrem Weg zum Wasser mit dem Laich von Autos überfahren. Deshalb wird im Frühjahr immer wieder auf die Krötenwanderungen hingewiesen.

Überschrift genauer
Die Erdkröte

persönliche Meinung streichen

Ersatzwort für „hat“
Die Bauchseite ist heller gefärbt.

Wiederholung:
Satzanfang verändern
Dort …

Zeitstufe korrigieren
Gegenwartsform

Fachbegriff verwenden
Laichgewässer

Inhalt, Gliederung, Sprache, Rechtschreibung

› Ich lese die Prüffragen und die Anleitung auf Seite 53 durch und kreuze an.

Prüffragen zur Anleitung

Inhalt und Gliederung	ja	teil-weise	nein
Ist eine Überschrift vorhanden?			
Passt die Überschrift zum Text?			
Sind Werkzeug und Material genannt?			
Ist auf die Reihenfolge der Arbeitsschritte geachtet?			

Sprache			
Wird die Form der Ansprache durchgehalten (Ichform oder Stichwörter oder Befehlsform)?			
Werden Verben verwendet, die genau ausdrücken, was zu tun ist. Sind Verben wie „machen“ und „tun“ durch treffende ersetzt?			
Werden Fachbegriffe verwendet?			
Werden Satzanfänge verwendet, die eine Reihenfolge angeben, wie zum Beispiel „zuerst“, „daraufhin“, „zuletzt“?			
Ist der Text in der Gegenwartsform geschrieben?			
Erleichtert die Zeichnung das Verständnis?			

Rechtschreibung			
Stimmt die Rechtschreibung (Großschreibung, Satzzeichen)?			

Inhalt, Gliederung, Sprache, Rechtschreibung

› Ich lese den Überarbeitungshinweis und markiere im Text die dazugehörige Stelle.

____

Material: dünner Holzstab, festes Zeichenpapier

Werkzeug: ______________________

Ich zeichne zwei Kreise von 5 cm Durchmesser auf etwas festeres Papier.

Dann musst du die Kreise ausschneiden.

Auf eine Scheibe mache ich einen Löwen.
Auf die andere Seite mache ich Gitterstäbe.

Jetzt befestige ich beide Scheiben an einem dünnen Holzstab, indem ich sie zusammenklebe.

Daraufhin hielt ich den Stab zwischen beiden Handflächen fest.

Und dann tu ich die Handflächen so gegeneinander, dass sich der Stab schnell dreht.

Was passiert?

Überschrift ergänzen
Drehbild: Armer Löwe

Werkzeug angeben
Schere, Bleistift, Farbstifte

Form der Ansprache korrigieren
Dann schneide ich …

Ersatzwort für „machen“
malen, zeichnen

Zeitstufe korrigieren
Gegenwartsform

Satzanfang verändern
Zum Schluss

Ersatzwort für „tun“
reiben

1
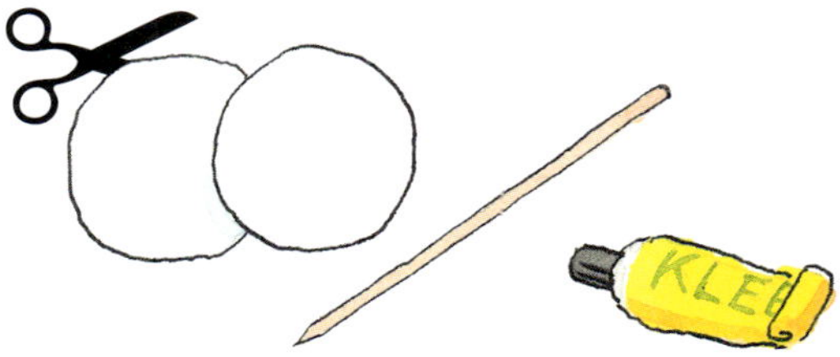

2

3

4

Inhalt, Gliederung, Sprache, Rechtschreibung

› Ich lese die Prüffragen und den Bericht auf Seite 55 durch und kreuze an.

Prüffragen zum Bericht

Inhalt und Gliederung	ja	teil-weise	nein
Ist eine Überschrift vorhanden?			
Passt die Überschrift zum Text?			
Werden die beteiligten Personen genannt? Wer?			
Gibt der Bericht an, wo etwas geschah?			
Erfährt der Leser, wann etwas geschah?			
Gibt der Bericht in der richtigen Reihenfolge an, was geschah?			

Sprache	ja	teil-weise	nein
Wird das Ereignis sachlich und knapp dargestellt? Vermeidet der Bericht persönliche Gefühle und Vermutungen?			
Werden Wortwiederholungen vermieden?			
Werden Satzanfänge verwendet, die eine Reihenfolge angeben, wie zum Beispiel „zuerst“, „daraufhin“, „zuletzt“?			
Ist der Text in der Vergangenheitsform geschrieben?			

Rechtschreibung	ja	teil-weise	nein
Stimmt die Rechtschreibung (Großschreibung, Satzzeichen)?			

Inhalt, Gliederung, Sprache, Rechtschreibung

› Ich lese den Überarbeitungshinweis und markiere im Text die dazugehörige Stelle.

Beim Einkaufen

Gegen 9.00 Uhr riss eine angeleinte Dogge einen ganzen Gemüsestand mit sich. Das kräftige Tier war dort von seiner 24-jährigen Besitzerin angeleint worden.

Es hatte wohl keine Lust mehr, auf Frauchen zu warten, das wahrscheinlich zum Shoppen unterwegs war oder eine Freundin getroffen hatte.

Auf seinem Spaziergang durch die Straßen der Altstadt rammt die Dogge mit dem Eisengestell des Gemüsestandes einen Kleinlaster. Dabei werden 15 kg Bananen zerquetscht.

Und dann beschädigte die Dogge noch weitere geparkte Autos.

Schließlich konnte die Dogge von der Polizei gestoppt werden.

Personen wurden nicht verletzt. Der Gesamtschaden wird auf 5 000 € geschätzt.

Das ist doch wirklich eine tolle Geschichte!

Überschrift verbessern
langweilig

Ort und Zeit des Geschehens genau angeben

Vermutung streichen

Zeitstufe korrigieren
Vergangenheitsform

Wiederholung:
Ersatzwort für Dogge
der Vierbeiner, der Hund

Persönliche Meinung streichen

Inhalt, Gliederung, Sprache, Rechtschreibung

› Ich lese die Prüffragen und die Erzählung auf Seite 57 durch und kreuze an.

Prüffragen zur Erzählung

Inhalt und Gliederung	ja 	teilweise 	nein 
Macht die Überschrift neugierig?			
Steht in der Einleitung, wann und wo die Geschichte spielt und welche Personen eine Rolle spielen?			
Gibt es einen Erzählhöhepunkt?			
Hat die Geschichte einen kurzen Schluss?			
Erfahren die Leser etwas über die Gedanken und die Gefühle der Personen?			

Sprache			
Werden treffende Adjektive, Verben und Nomen verwendet?			
Werden Wortwiederholungen vermieden?			
Sind die Sätze abwechslungsreich und verständlich gebildet?			
Wird wörtliche Rede verwendet?			
Stimmt die Zeitform?			

Rechtschreibung			
Stimmt die Rechtschreibung (Großschreibung, Satzzeichen bei wörtlicher Rede)?			

Inhalt, Gliederung, Sprache, Rechtschreibung

› Ich lese den Überarbeitungshinweis und markiere im Text die dazugehörige Stelle.

Ostern auf der Wiese

Ostersonntag besuchten uns Onkel und Tanten, Cousinen und Cousins. Nach dem Frühstück wanderten wir zu unserer Osterhasenwiese am Waldrand. Meinen kleinen Bruder Lukas nahmen wir im Tragerucksack mit.

Auch dieses Jahr gingen wir Kinder, kaum waren wir auf der Wiese angelangt, in alle Richtungen los.

„Ich habe ein gelbes Ei gefunden!“ – „Ich einen roten Hasen!“, sagten wir und hüpften aufgeregt herum.

Wir trugen alle unsere Funde in die Mitte der Wiese. Wir flitzten schnell wieder fort und suchten noch weiter. „Hoffentlich haben wir bald alles gefunden“, stöhnte ich. Ich war vom Hin- und Herrennen ganz aus der Puste. Ich hatte Lust auf ein Schokoladenei.

Als wir alle ziemlich erschöpft in der Mitte der Wiese zusammenkamen, entdeckten wir Lukas. „Seht euch das an“, schrie Kira empört. Lukas saß mit schokoladenverschmiertem Mund zwischen all den Ostereiern. Um Lukas herum türmten sich die bunten Schokoladenpapierchen. Der Knirps hatte dort seelenruhig auf unsere Beute gewartet, um sie dann genüsslich zu verzehren.

Er hatte sich überhaupt nicht von der Stelle bewegt.

Überschrift soll neugierig machen
Mitten im Osternest

Ersatzwort für „gingen“
schwärmten aus, sausten, flitzten

Ersatzwort für „sagten“
juchzten, riefen, schrien

Wiederholung: Satzglieder umstellen
Schnell flitzten wir ...

Wiederholung: Sätze verbinden mit „und“
Ich war vom Hin- und Herrennen ganz aus der Puste und hatte Lust auf ein Schokoladenei.

Wiederholung: Personalpronomen einsetzen
ihn

Inhalt, Gliederung, Sprache, Rechtschreibung

› Ich lese die Prüffragen und den Brief auf Seite 59 durch und kreuze an.

Prüffragen zum persönlichen Brief

Inhalt und Gliederung	ja 	teil-weise 	nein 
Sind die Adresse und der Absender vollständig?			
Sind alle Teile eines Briefes vollständig? Ort und Datum? Anrede? Grußformel? Unterschrift?			
Stehen die Teile des Briefes jeweils an der richtigen Stelle?			
Ist die Schrift leserlich?			
Wurde ein geeignetes Papier gewählt?			

Sprache			
Ist auf die Reihenfolge der Erzählschritte geachtet?			
Werden Wortwiederholungen vermieden?			
Sind die Sätze abwechslungsreich gebildet?			

Rechtschreibung			
Sind die Anredepronomen richtig geschrieben?			
Sind die Satzschlusszeichen richtig gesetzt?			
Steht ein Komma nach der Ortsangabe und nach der Anrede?			

Inhalt, Gliederung, Sprache, Rechtschreibung

› Ich lese den Überarbeitungshinweis und markiere die dazugehörige Stelle.

Wangerooge, den 15.08.2009

Lieber ______________,

seit zwei Wochen sind wir jetzt schon am Meer. Ins Wasser gehe ich aber nur bis zum Bauchnabel. Weiter hinein traue ich mich nicht bei den hohen Wellen. Ein bisschen graule ich mich auch vor den Quallen, die aber gar nicht gefährlich sind. Auch mag ich es nicht, wenn sich der Tang um meine Beine schlingt. Sehr gerne sitze ich auf einer Düne, von der ich auf das weite Meer sehen kann. Ist es nicht verrückt, dass diese großen Wellen ständig ans Land schwappen und das Land aber nicht von ihnen überschwemmt wird. Kennst Du den Grund dafür

In einer Woche kommen wir wieder nach Hause.

Dein Milan

Papierwahl
ein sauberes Blatt Papier

Anrede ergänzen
Adressat fehlt

Satzschlusszeichen setzen
Fragezeichen

Grußformel ergänzen
Viele Grüße,
Gruß und Kuss

Vornamen angeben
Rolf

Postleitzahl überprüfen
78931

Absender angeben
Milan Weidner
Sandweg 80
23470 Hamburg

Texte veröffentlichen

Wenn ich einen Text veröffentlichen will, muss er besonders gestaltet werden. Der Text soll Interesse wecken, gut leserlich und fehlerfrei sein.

Einen Beitrag für eine Wandzeitung gestalten

Ich achte darauf, dass Texte und Bilder gut verteilt sind.

Überschrift, Bildunterschriften und Beschriftungen schreibe ich leserlich.

leserlich

Ich gestalte Wörter mit Schrift.

Ein Plakat gestalten

Ich gliedere den Text.

Ich achte auf die Anordnung der Zeilen und auf den Rand.

Wichtiges hebe ich durch Schrift und Farbe hervor.

Meine Schrift muss gut lesbar sein.

helle Schrift auf dunklem Hintergrund,
gemusterte Schrift auf einfarbigem Hintergrund

Ordner und Geschichtenheft gestalten

Ich gestalte den Einband.

estern Abend …

Ich gestalte den Anfangsbuchstaben meiner Geschichte.

Bücher falten, heften und gestalten

Ich falte ein Buch oder hefte ein Buch.

Ich gestalte ein Titelblatt, das zum Thema passt und neugierig macht.

Einen Text vortragen

Ich schreibe Stichwörter auf Karteikarten, ordne sie in der richtigen Reihenfolge und nummeriere sie.

Ich setze Bilder, Folien oder Plakate an der passenden Stelle ein.

Ich spreche frei, langsam und deutlich, betone wichtige Wörter, mache Pausen, schaue meine Zuhörer an und beantworte Fragen.

Einen Beitrag für eine Wandzeitung gestalten

› Ich ordne die Bilder den Texten zu und verbinde.

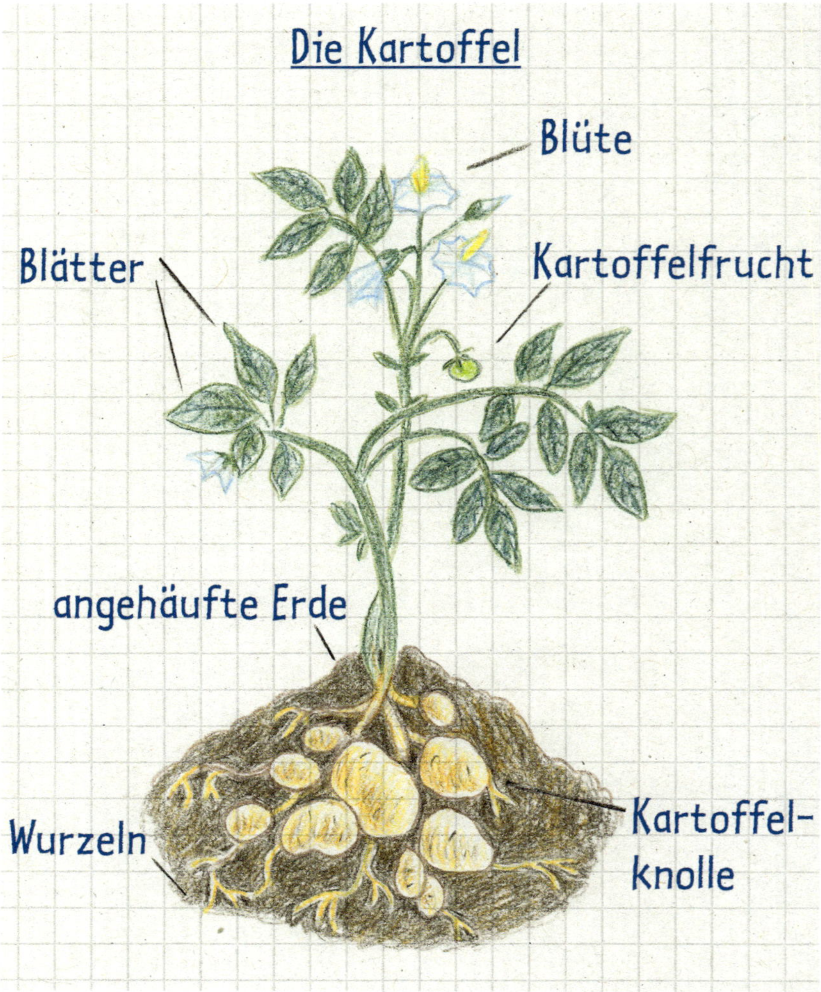

Kartoffeln werden auf der ganzen Welt gegessen. Wir essen sie als Pellkartoffeln, Salzkartoffeln, Kartoffelsalat, Kartoffelbrei, Kartoffelauflauf. Auch Chips und Pommes werden aus Kartoffeln gemacht, aber Vorsicht: Fett!

Auch Käfer lieben Kartoffelpflanzen. Der Kartoffelkäfer ruinierte früher ganze Felder. Er musste von Hand abgelesen werden. Das war vor allem ein Job für Kinder, die dafür sogar manchmal schulfrei erhielten.

Kartoffeln sind Knollen, die sich aus der Mutterknolle entwickeln.

Einen Beitrag für eine Wandzeitung gestalten

› Ich überlege, wie ich die Bilder und Texte über die Kartoffel auf der Wandzeitung verteile. Dafür mache ich eine Skizze.

Ich benutze Bleistift und Lineal und lasse Platz für die Überschrift.

Einen Beitrag für eine Wandzeitung gestalten

› Ich wähle eine Überschrift aus und gestalte sie groß und leserlich als Bildwort.

Eine tolle Knolle | Kartoffelrezepte | Kartoffel aus Amerika

› Ich markiere die Buchstaben, die ich schlecht lesen kann, und schreibe den Satz leserlich in Schönschrift auf.

Kartoffeln kommen aus Amerika.

Kartoffeln haben Augen, die nicht sehen können.

› Ich informiere mich, wie das Wort Kartoffel in anderen Sprachen heißt, und schreibe die Namen auf.

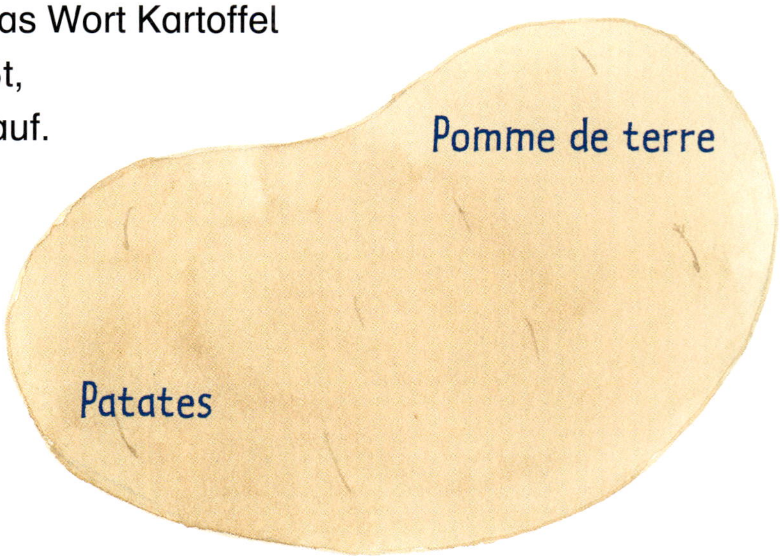

Ein Plakat gestalten

› Ich male die Buchstaben farbig an und färbe den Hintergrund dunkel ein.

SCHULFEST

› Ich verteile die Textteile und gestalte das Plakat.

Sommerfest   Pestalozzi-Grundschule   Schulhof   7. Juli   von 14.00 bis 16.00 Uhr
Programm: Spiele   Theater   Mitmach-Werkstatt

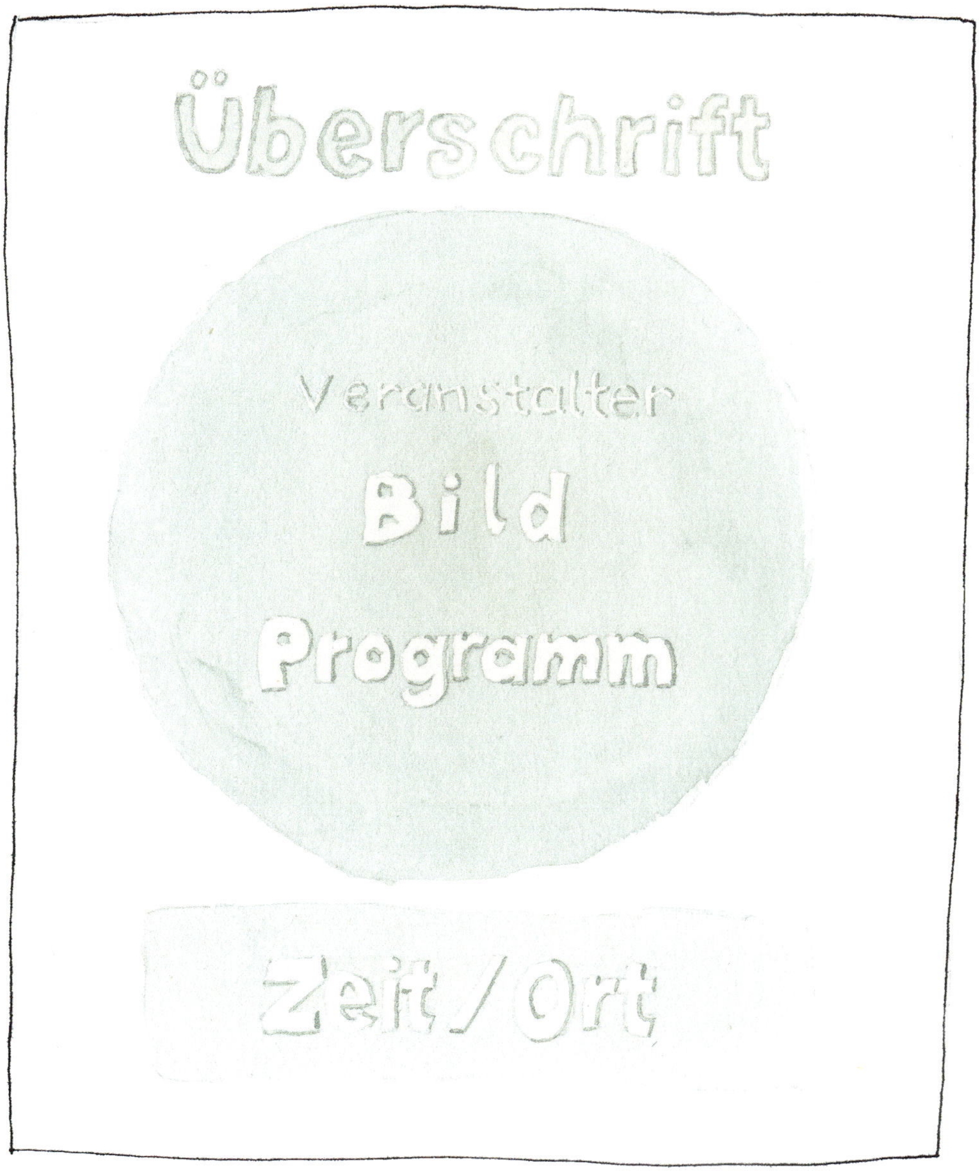

Ordner und Geschichtenheft gestalten

› Ich gestalte die Rücken der Ordner passend zu den verschiedenen Textsorten.

Geschichten Witze Rezepte Berichte

› Ich wähle das erste Wort der Geschichte und gestalte den Anfangsbuchstaben passend zu der Geschichte.

Gewitter-geschichte

Tiergeschichte

Fantasygeschichte

Bücher falten, heften und gestalten

› Ich stelle ein Hosentaschenbuch her.

Wie viele Seiten hat das Buch, wenn ich zwei DIN-A4-Blätter nehme?

› Ich binde eine Informationsmappe – mit Nadel und Faden.

Material:

Etwas einfacher:

①

②

③

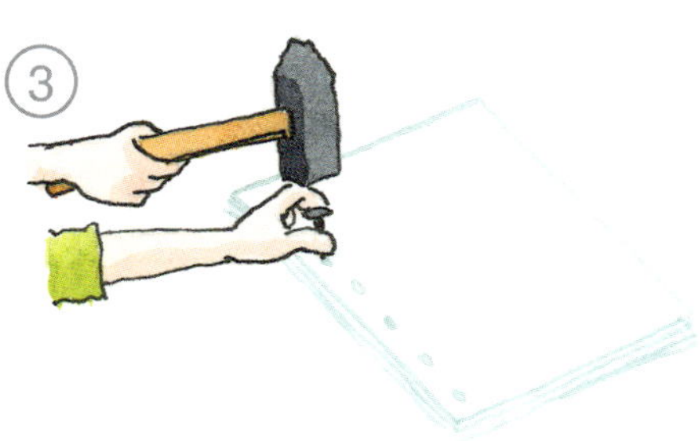

④

Einen Text vortragen

› Ich nummeriere die wichtigsten Punkte in der Reihenfolge, in der ich sie vortragen will.

Thema: Feuer

◯ Nutzung des Feuers früher und heute

◯ Richtiges Verhalten, wenns brennt Notfallnummern

◯ Was braucht Feuer zum Brennen? „Das Verbrennungsdreieck“

◯ Brennbare Stoffe Was brennt?

◯ Geschichte des Feuers Wie kam das Feuer zum Menschen?

› Ich kreuze die Bilder und Folien an, die zum Vortrag passen. Die richtige Stelle kennzeichne ich mit der entsprechenden Zahl.

☐ Passt zu …

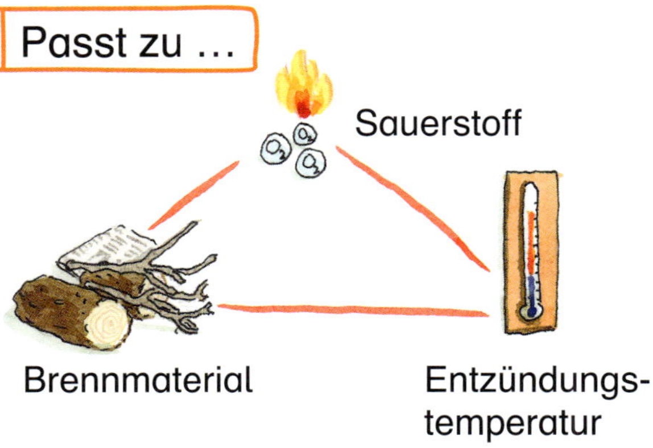

☐ Passt zu …

☐ Passt zu …

☐ Passt zu …

☐ Passt zu …

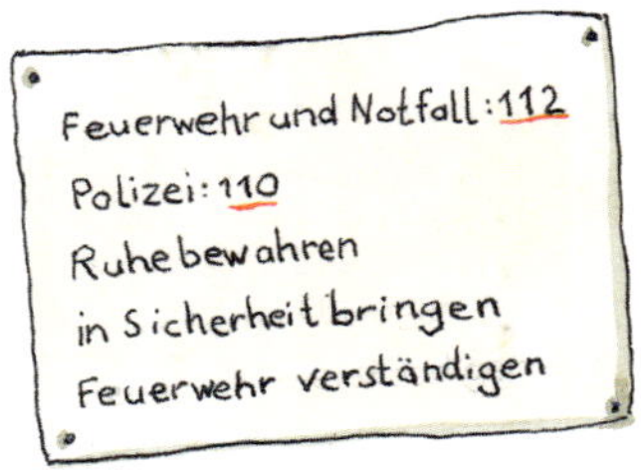

Einen Text vortragen

> Ich schreibe die Bildunterschriften an die richtigen Stellen.

frei sprechen | deutlich sprechen | Wichtiges betonen

Pausen machen | Zuhörer anschauen | Fragen beantworten

____

____

____

____

____

____

Lösungen S. 8–13

Schreibziel festlegen

Seite 8

Mama hat angerufen. Zug hat Verspätung. Tisch decken und Nudelwasser aufsetzen.

Bin kurz nebenan bei Silvie. Buch holen.

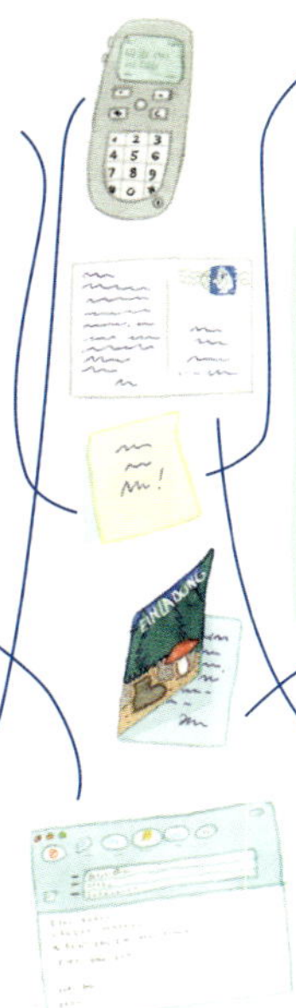

An: Lerngruppe 4 a
Betreff: Deutscharbeit
Hey zusammen, die Deutscharbeit wird auf Freitag verschoben *freu*. Frau Lose ist krank. :-(
MfG Jassem

Liebe Romy,
zu meinem Geburtstag am 25. August lade ich Dich herzlich ein. Wir feiern von 15.00 bis 18.00 Uhr. Bring feste Schuhe mit. Wir gehen in den Wald. Kannst Du kommen?
Viele Grüße Jette

Bus verpasst. Hole uns bitte ab.

27.08.09
Liebe Oma,
kurze fröhliche Grüße von unserer langen Reise.
Kai, Larissa und Jana

Seite 9

Seite 10

Prinz sucht ein neues Zuhause – Tierpfleger
Vermisst! – Polizeibeamtin
Fahrradschnäppchen! – Verkäufer

Seite 11

Seite 12

Wetter – Meteorologin – Gleitflieger
Reise – Tourist – Freunde
Fußballspiel – Sportreporter – Fußballfans
Schaden – Hausmeister – Haftpflichtversicherung
Unfall – Zeugin – Polizei
Katastrophe – Feuerwehrhauptmann – Fernsehzuschauer

Seite 13

Wetterbericht
Guter Start in die Saison
Der SC Malschenhof marschierte weiter in Richtung Bundesliga und war auch durch den einsatzfreudigen HS Zuzenstadt nicht zu bremsen. Die Malschenhofer benötigten eine lange Anlaufzeit, sorgten aber spätestens mit einer tollen zweiten Halbzeit …

Spielbericht
Deutschland heute
Die Wolken überwiegen heute und die Sonne scheint nur selten. Immer wieder fällt …

Krankenbericht
Der Schüler L. hatte am Donnerstag, den 8.4.09 Kehrdienst. Als er nach der Hofpause seinen Besen in die Abstellkammer tragen wollte, stolperte er über einen Eimer. Dabei stieß er mit dem Besen gegen die Scheibe der Tür. Das Sicherheitsglas zersplitterte …

Zeitungsbericht
Von Kairo ging es dann nach drei Tagen in langer Autofahrt nach Südwesten, in die Oase Bahariya. Ich dachte immer, Oase ist Palme, Brunnen, Haus. Nein, eine Oase kann sich über viele, viele Kilometer erstrecken und ist eine Senke in der Wüste, die landwirtschaftlich nutzbar ist. Es war eine Reise in eine andere Welt. Esel, Lastwagen und Menschen wimmelten durcheinander …

Schadensmeldung
Armbruch
Patientin S. Krüger rutschte im Kurpark von Bad Süßen aus, stützte sich mit der rechten Hand ab und spürte sofort einen großen Schmerz.
Bruch rechts, leicht verschoben.
Bruch wird im Krankenhaus von Bad Süßen gerichtet, Verband: große Gipsschale.

Reisebericht
Verheerende Brände in Australien
Canberra: Bei Wüstenbränden in Australien sind mindestens 171 Menschen ums Leben gekommen. Der australische Premierminister bezeichnete die Brände am Montag unter Tränen als „die größte Naturkatastrophe, die dieses Land erlebt hat.“ … (Urs Wälterin)

Seite 15

Unsere Vermutungen – erfunden sind die Geschichten über:

Schmetterlingspiraten im Anmarsch
Die eifersüchtigen Regenwürmer
Mein kichernder Hund
Geisternacht
Goldregen über meinem Haus
Hochwasser in der Teetasse

Ideen sammeln und ordnen

Seite 19

zum Beispiel:
Vögel, Säugetiere, Flughaut, Feinde

Seite 20

zum Beispiel:
Fahrrad fahren, Eis essen, schwimmen, Wind, hohe Wellen, Meer, surfen, Sandburgen bauen

Seite 21

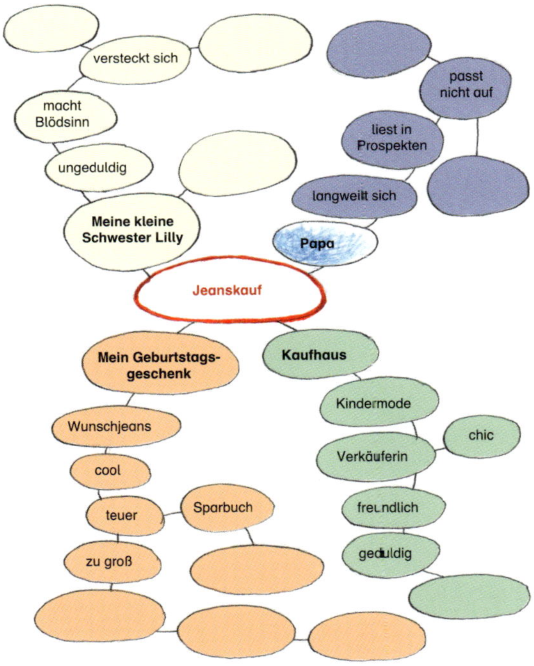

Seite 23

Unser Vorschlag:

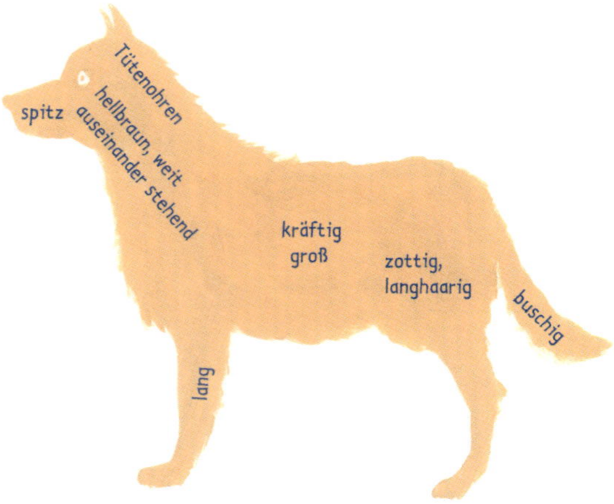

Seite 24

Schweif	die Nasenlöcher eines Pferdes
Nüstern	der hintere Körperteil beim Pferd
Kruppe	der vordere Körperteil beim Pferd
Fessel	dichtes Haar am Kopf, Nacken und Hals eines Tieres
Schopf	ein Teil des Beins zwischen Fuß und Wade
Vorhand	ein langer buschiger Schwanz
Hinterhand	dichtes, kräftiges, kürzeres Kopfhaar; ein Teil der Mähne eines Pferdes
Mähne	der leicht erhöhte hintere Teil eines Pferderückens

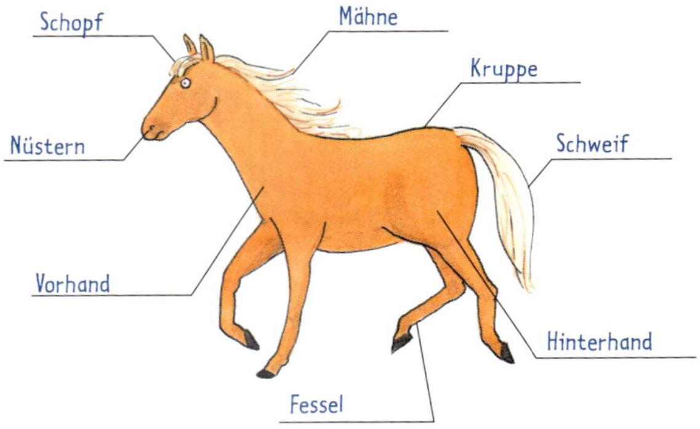

Seite 26

Ernährung: Schmetterlinge, fliegende Insekten, Früchte
Aussehen/Körperbau: hat Flügel, verlängerte Fingerknochen, Flügelspannweite: 35 cm
Lebensweise: nachtaktiv
Art: 2000 verschiedene Arten
Besonderheiten: Flügel ohne Federn, vom Aussterben bedroht
Feinde: Eulen, Greifvögel, Katzen
Lebensraum: warme Tropen, in Deutschland

Lösungen S. 27–35

Seite 27

zum Beispiel:

Wer spielt in der Geschichte mit?
Hund Purzel, dicker Mann, Mia, Sinus

Wo spielt die Geschichte?
am Meer, auf einer Insel, an einem Strand mit schönen Wellen, an dem man schön spielen kann

Wann spielt die Geschichte?
in den Sommerferien, an einem heißen Tag

Was könnte passieren? Warum?
Kinder treiben gemütlich auf den Wellen und gucken Fische an. Da kommt von hinten ein dicker Mann, der auf dem Rücken schwimmt. Purzel ahnt es. Gleich werden sie zusammenstoßen. Mia und Sinus fallen ins Wasser. Nur Purzel hält sich auf der Luftmatratze. Der dicke Mann lacht.

Texte schreiben

Seite 30

5. Inhalt; 6. Besondere Kennzeichen;
4. Material; 1. Aussehen; 2. Größe; 3. Farbe

Seite 31

Der Marienkäfer

Der Marienkäfer gehört zu der Gruppe der Insekten.
Er ernährt sich von Schildläusen und Blattläusen.
Der bekannteste Marienkäfer in Deutschland ist der Siebenpunkt.
Da, wo es Läuse gibt, lebt der Marienkäfer: auf Wiesen, in Gärten, im Wald.
Es gibt sehr viele verschiedene Arten.
Seine roten Flügeldecken sind mit schwarzen Punkten bedeckt.
Bis zu 600 Läusen frisst die Larve des Marienkäfers.
Marienkäfer werden verschieden groß.
Bei Menschen gilt der Marienkäfer als Glücksbringer.
Sie können zwischen 1 und 11 mm groß werden.
Die Unterseite ist meistens schwarz.
Marienkäfer stellen sich bei Berührung tot. Sie verfallen in einen Starrezustand. Gleichzeitig sondern sie eine stinkende gelbliche Flüssigkeit ab. Das hält manche Feinde erfolgreich fern.
Im Winter ruht er in einem Versteck.

Seite 34

Das Flusspferd

Es ist ein Säugetier. Es ist in Afrika in der Nähe von Wasserstellen zu Hause. Es ist eines der schwersten Tiere. Es hat einen Körper wie ein Fass. Es hat einen wuchtigen Kopf. Es hat einen bräunlichen Leib. Es hat kurze Beine. Es ist an Land sehr schnell. Es hat Zehen mit Schwimmhäuten. Es ist ein schlechter Schwimmer. Es ist nicht mit den Pferden verwandt.

Das Flusspferd

Das Flusspferd lebt in Afrika, immer in der Nähe von Wasserstellen.
Es gehört zu den schwersten Tieren der Welt. Sein Körper sieht aus wie ein Fass. Auf seinem großen, bräunlich gefärbten Leib sitzt ein wuchtiger Kopf. An Land kann es auf seinen kurzen Beinen sehr schnell laufen.
Trotz der Schwimmhäute zwischen den Zehen, kann es nicht gut schwimmen. Mit den Pferden ist es trotz seines Namens nicht verwandt.

Seite 35

Brieftext
Grußformel
Ort und Datum
Unterschrift
Anrede

Mannheim, den 16. Juli ________

Liebe ____________,

mit dem Wohnwagen machen Papa, Leo und ich Ferien am Stechlinsee. Der liegt in Brandenburg. Ein toller See! Stell Dir vor, das Wasser ist so klar, dass man 11 m hinuntersehen kann. Wir fahren Boot, tauchen, schwimmen und angeln.

Gestern habe ich einen Fisch geangelt, eine kleine Moräne. Sie ist gar nicht so klein, sondern 35 cm lang, also länger als mein Lineal, mit dem ich sie gemessen habe. Papa will sie heute Abend grillen. Das ist eigentlich gemein, findest Du nicht auch?

Dir bringe ich lieber einen Schokoladenfisch mit.

Schöne ____________

____

Seite 36

Arme Ritter
für 4 Personen

Eier und Milch in einem Suppenteller verquirlen und in eine flache Form gießen

Brotscheiben gut darin einweichen

Butter in einer Pfanne auslassen

Brotscheiben hineinlegen und von einer Seite braten lassen

Brotscheiben wenden und braten, bis sie knusprig sind

Mit Zimt und Zucker bestreuen

Wie könnte ein Rezept für „Reiche Ritter" aussehen?

Zutaten: Toastbrot, Eier, Butter, Milch, Zimt, Zucker

Geräte: Messbecher, Waage, Pfanne, flache Form, Teller, Schneebesen, Pfannenheber

Seite 37

zum Beispiel:

Zuerst lege ich den Trichter auf das Butterbrotpapier und umkreise den Trichter mit einem Stift.
Dann male ich einen Rand von 2 cm um den Kreis und schneide ihn aus.
Anschließend lege ich den Kreis auf den Trichter und befestige ihn mit Klebeband.
Danach stecke ich den Trichter in einen Schlauch und umwickele beides mit Klebeband.
Schließlich halte ich das offene Schlauchende an mein Ohr und probiere das Hörrohr aus.

Seite 38

Gestern, am 23.03.09, gegen 10.30 Uhr, ~~als ich gerade in mein Pausenbrot beißen wollte,~~ wurde der Schüler Noah auf dem Schulhof der Brüder-Grimm-Schule verletzt. Der Unfall geschah so: Einige ~~ziemlich freche~~ Kinder kletterten am Klettergerüst um die Wette. Als Noah schon beinahe oben war, wurde er von ~~der neidischen~~ Sina ~~richtig gemein~~ am T-Shirt festgehalten. Er verlor das Gleichgewicht und stürzte nach unten. Dabei schlug er sich die Stirn auf. ~~Ich bin ziemlich erschrocken, weil ich eigentlich kein Blut sehen kann.~~ Gesehen haben den Unfall auch noch Enis und Harkan. Auch Alex, ~~meine beste Freundin,~~ war Zeugin.

Wo und wann ist der Unfall passiert?
am 23.03.09 gegen 10:30 Uhr am Klettergerüst auf dem Schulhof der Brüder-Grimm-Schule
Wer war am Unfall beteiligt?
der Schüler Noah und die Schülerin Sina
Wie kam es zu dem Unfall?
Der Schüler Noah wurde auf dem Klettergerüst durch seine Mitschülerin am T-Shirt festgehalten, verlor das Gleichgewicht und stürzte nach unten.
Wer wurde verletzt?
der Schüler Noah
Was war die Folge?
Noah schlug mit der Stirn auf und blutete.
Wer hat den Unfall gesehen?
die Schüler Enis, Harkan und Alex

Seite 39

zum Beispiel:

Zuerst besuchten wir die Flamingos. Dann kamen wir beim Eisbären vorbei. Daraufhin ging es zu den Seehunden. Als wir den beiden eine Weile beim Spielen zugesehen hatten, schauten wir bei den Elefanten vorbei. Zwei von ihnen begrüßten uns mit ihren langen Rüsseln. Jetzt sausten wir alle zum Spielplatz. Zum Schluss statteten wir noch der Löwin einen Besuch ab. Gegen Mittag kehrten wir in die Schule zurück.

Seite 40

Die Nummerierung muss von oben nach unten gelesen so aussehen:
6, 3, 7, 4, 2, 5, 1

Seite 43

zum Beispiel:

Nick flucht: „Verdammt noch mal!"
Ümit tobt: „Das war eine gemeine Schwalbe, hast du keine Augen im Kopf?"
Pablo meckert: „Gefoult, der spinnt wohl!"
Erkan schnaubt: „Im Strafraum war das nicht."
Max zetert: „Das ist gemein, immer auf uns!"

Lösungen S. 44–51

Seite 44

zum Beispiel:
fragen: ausfragen, sich erkundigen, löchern
sagen: reden, behaupten, mitteilen, vorschreiben, brüllen
gut: ausgezeichnet, super, angenehm
schön: reizend, wolkenlos, strahlend, genial, lobenswert

Seite 45

Steine aus dem Weg räumen – helfen
aus dem Nähkästchen plaudern – verraten
aus dem Ärmel schütteln – können
wie aus dem Ei gepellt – ordentlich
einen Bären aufbinden – erfinden
gegen den Strich gehen – stören

Seite 46

Viel zu spät bemerkte Mira den großen Hund.
Gefährlich fletschte der Vierbeiner seine Zähne.
Blitzschnell warf Tim es dem Köter vor die Füße.
Genüsslich fraß der Hund das Wurstbrot.

Seite 47

zum Beispiel:
In der Steinzeit kannte man noch kein Metall. Deshalb wurden alle Geräte aus Stein hergestellt. Das war so vor ungefähr drei Millionen Jahren.

Fynn und Carla dürfen heute bestimmen, was gemacht wird. Deshalb gibt es schon zum Frühstück Pfannkuchen. Die beiden müssen auch nicht den Tisch abräumen. Sie fahren nämlich gleich an den See.

Fatma traute ihren Augen nicht. Sie sah auf der Birke einen Vogel mit ihrem Stirnband sitzen. Der Vogel wollte es wohl für seinen Nestbau verwenden. Sie verstand nicht, wie er ihr Stirnband hatte klauen können.

Texte überarbeiten

Seite 50

Prüffragen zur Beschreibung

Inhalt und Gliederung	ja	teilweise	nein
Passt die Überschrift zum Text?		X	
Sind wichtige Merkmale genannt?	X		
Ist der Text klar vom Ganzen zu den Einzelheiten gegliedert?	X		
Sprache			
Sind treffende Adjektive und Nomen verwendet?	X		
Werden passende Fachbegriffe verwendet?		X	
Sind die Wörter „hat“ und „ist“ durch andere Wörter ersetzt?		X	
Sind die Sätze abwechslungsreich gebildet, und werden Wiederholungen vermieden?		X	
Ist der Text in der Gegenwartsform geschrieben?		X	
Rechtschreibung			
Stimmt die Rechtschreibung (Großschreibung, Satzzeichen)?	X		

Seite 51

Ein Tier

Die Erdkröte gehört zur Art der Froschlurche. Sie kommt häufig bei uns vor. Früher mochte ich keine Kröten. Die Oberseite ihres Körpers ist braun. Sie hat viele kleine Höcker, die wie kleine Warzen aussehen. Die Bauchseite hat eine hellere Farbe. Die Augen der Erdkröte schimmern golden. Ihre Pupillen sind waagerecht gestellt. Das Weibchen ist 13 – 15 cm groß, das Männchen ein wenig kleiner.

Erdkröten ernähren sich von Spinnen, Schnecken, Würmern und anderen Bodentieren.

Wiesen, Gärten und Wald sind der Lebensraum der Erdkröte. In Wiesen, Gärten und im Wald lebt sie unter Laub versteckt oder in Erdlöchern. Nachts und in der Dämmerung werden die Kröten aktiv.

Zur Paarungszeit Ende März trugen die Weibchen die männlichen Kröten zu den Laichgewässern. Dort legten sie eine Laichschnur ab, die 2000 bis 5000 Eier enthält.

Viele Kröten werden auf ihrem Weg zum Wasser mit dem Laich von Autos überfahren. Deshalb wird im Frühjahr immer wieder auf die Krötenwanderungen hingewiesen.

Seite 52

Prüffragen zur Anleitung

Inhalt und Gliederung	ja	teilweise	nein
Ist eine Überschrift vorhanden?			X
Passt die Überschrift zum Text?			
Sind Werkzeug und Material genannt?		X	
Ist auf die Reihenfolge der Arbeitsschritte geachtet?		X	
Sprache			
Wird die Form der Ansprache durchgehalten (Ichform oder Stichwörter oder Befehlsform)?		X	
Werden Verben verwendet, die genau ausdrücken, was zu tun ist. Sind Verben wie „machen“ und „tun“ durch treffende ersetzt?			X
Werden Fachbegriffe verwendet?		X	
Werden Satzanfänge verwendet, die eine Reihenfolge angeben, wie zum Beispiel „zuerst“, „daraufhin“, „zuletzt“?		X	
Ist der Text in der Gegenwartsform geschrieben?		X	
Erleichtert die Zeichnung das Verständnis?	X		
Rechtschreibung			
Stimmt die Rechtschreibung (Großschreibung, Satzzeichen)?	X		

Seite 53

____

Material: dünner Holzstab, festes Zeichenpapier

Werkzeug: ______________________

Ich zeichne zwei Kreise von 5 cm Durchmesser auf etwas festeres Papier.

Dann musst du die Kreise ausschneiden.

Auf eine Scheibe mache ich einen Löwen.
Auf die andere Seite mache ich Gitterstäbe.

Jetzt befestige ich beide Scheiben an einem dünnen Holzstab, indem ich sie zusammenklebe.

Daraufhin hielt ich den Stab zwischen beiden Handflächen fest.

Und dann tu ich die Handflächen so gegeneinander, dass sich der Stab schnell dreht.

Was passiert?

Seite 54

Prüffragen zum Bericht

Inhalt und Gliederung	ja	teilweise	nein
Ist eine Überschrift vorhanden?	X		
Passt die Überschrift zum Text?		X	
Werden die beteiligten Personen genannt? Wer?	X		
Gibt der Bericht an, wo etwas geschah?			X
Erfährt der Leser, wann etwas geschah?		X	
Gibt der Bericht in der richtigen Reihenfolge an, was geschah?	X		
Sprache			
Wird das Ereignis sachlich und knapp dargestellt? Vermeidet der Bericht persönliche Gefühle und Vermutungen?		X	
Werden Wortwiederholungen vermieden?		X	
Werden Satzanfänge verwendet, die eine Reihenfolge angeben, wie zum Beispiel „zuerst“, „daraufhin“, „zuletzt“?			X
Ist der Text in der Vergangenheitsform geschrieben?		X	
Rechtschreibung			
Stimmt die Rechtschreibung (Großschreibung, Satzzeichen)?	X		

Seite 55

Beim Einkaufen

Gegen 9.00 Uhr riss eine angeleinte Dogge einen ganzen Gemüsestand mit sich. Das kräftige Tier war dort von seiner 24-jährigen Besitzerin angeleint worden.

Es hatte wohl keine Lust mehr, auf Frauchen zu warten, das wahrscheinlich zum Shoppen unterwegs war oder eine Freundin getroffen hatte.

Auf seinem Spaziergang durch die Straßen der Altstadt rammt die Dogge mit dem Eisengestell des Gemüsestandes einen Kleinlaster. Dabei werden 15 kg Bananen zerquetscht.

Und dann beschädigte die Dogge noch weitere geparkte Autos.

Schließlich konnte die Dogge von der Polizei gestoppt werden.

Personen wurden nicht verletzt. Der Gesamtschaden wird auf 5000 € geschätzt.

Das ist doch wirklich eine tolle Geschichte!

Lösungen S. 56–59

Seite 56

Prüffragen zur Erzählung

Inhalt und Gliederung	ja	teilweise	nein
Macht die Überschrift neugierig?			X
Steht in der Einleitung, wann und wo die Geschichte spielt und welche Personen eine Rolle spielen?	X		
Gibt es einen Erzählhöhepunkt?	X		
Hat die Geschichte einen kurzen Schluss?	X		
Erfahren die Leser etwas über die Gedanken und die Gefühle der Personen?	X		
Sprache			
Werden treffende Adjektive, Verben und Nomen verwendet?		X	
Werden Wortwiederholungen vermieden?		X	
Sind die Sätze abwechslungsreich und verständlich gebildet?		X	
Wird wörtliche Rede verwendet?	X		
Stimmt die Zeitform?	X		
Rechtschreibung			
Stimmt die Rechtschreibung (Großschreibung, Satzzeichen bei wörtlicher Rede)?	X		

Seite 58

Prüffragen zum persönlichen Brief

Inhalt und Gliederung	ja	teilweise	nein
Sind die Adresse und der Absender vollständig?			X
Sind alle Teile eines Briefes vollständig? Ort und Datum? Anrede? Grußformel? Unterschrift?			X
Stehen die Teile des Briefes jeweils an der richtigen Stelle?	X		
Ist die Schrift leserlich?	X		
Wurde ein geeignetes Papier gewählt?			X
Sprache			
Ist auf die Reihenfolge der Erzählschritte geachtet?	X		
Werden Wortwiederholungen vermieden?	X		
Sind die Sätze abwechslungsreich gebildet?	X		
Rechtschreibung			
Sind die Anredepronomen richtig geschrieben?	X		
Sind die Satzschlusszeichen richtig gesetzt?		X	
Steht ein Komma nach der Ortsangabe und nach der Anrede?	X		

Seite 57

Ostern auf der Wiese

Ostersonntag besuchten uns Onkel und Tanten, Cousinen und Cousins. Nach dem Frühstück wanderten wir zu unserer Osterhasenwiese am Waldrand. Meinen kleinen Bruder Lukas nahmen wir im Tragerucksack mit.

Auch dieses Jahr gingen wir Kinder, kaum waren wir auf der Wiese angelangt, in alle Richtungen los.

„Ich habe ein gelbes Ei gefunden!“ – „Ich einen roten Hasen!“, sagten wir und hüpften aufgeregt herum.

Wir trugen alle unsere Funde in die Mitte der Wiese. Wir flitzten schnell wieder fort und suchten noch weiter. „Hoffentlich haben wir bald alles gefunden“, stöhnte ich. Ich war vom Hin- und Herrennen ganz aus der Puste. Ich hatte Lust auf ein Schokoladenei.

Als wir alle ziemlich erschöpft in der Mitte der Wiese zusammenkamen, entdeckten wir Lukas. „Seht euch das an“, schrie Kira empört. Lukas saß mit schokoladenverschmiertem Mund zwischen all den Ostereiern. Um Lukas herum türmten sich die bunten Schokoladenpapierchen. Der Knirps hatte dort seelenruhig auf unsere Beute gewartet, um sie dann genüsslich zu verzehren.

Er hatte sich überhaupt nicht von der Stelle bewegt.

Seite 59

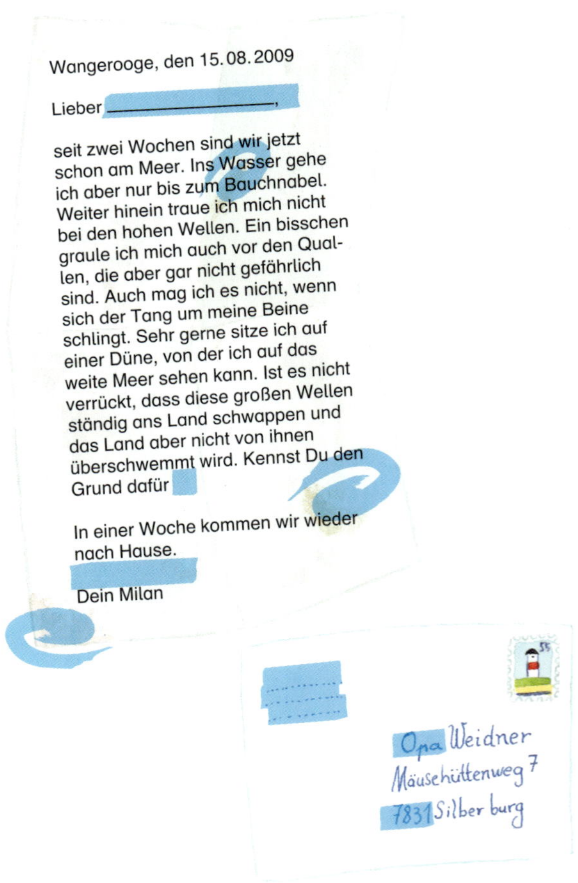
Wangerooge, den 15.08.2009

Lieber ______,

seit zwei Wochen sind wir jetzt schon am Meer. Ins Wasser gehe ich aber nur bis zum Bauchnabel. Weiter hinein traue ich mich nicht bei den hohen Wellen. Ein bisschen graule ich mich auch vor den Quallen, die aber gar nicht gefährlich sind. Auch mag ich es nicht, wenn sich der Tang um meine Beine schlingt. Sehr gerne sitze ich auf einer Düne, von der ich auf das weite Meer sehen kann. Ist es nicht verrückt, dass diese großen Wellen ständig ans Land schwappen und das Land aber nicht von ihnen überschwemmt wird. Kennst Du den Grund dafür

In einer Woche kommen wir wieder nach Hause.

Dein Milan

Opa Weidner
Mäusehüttenweg 7
7831 Silberburg

Texte veröffentlichen

Seite 62

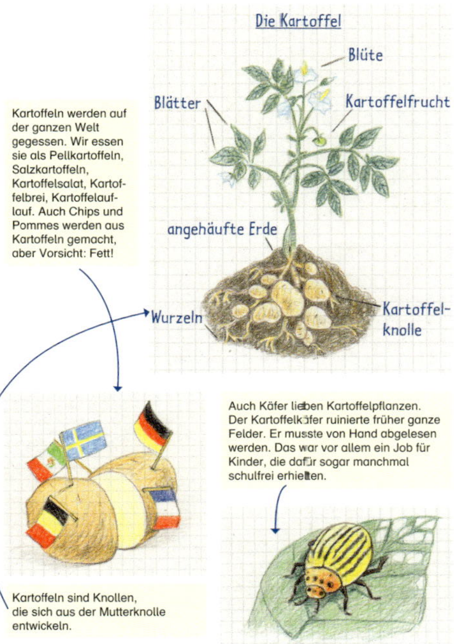

Seite 64

Kartoffel in anderen Sprachen:

chinesisch – tudon,
englisch – potato,
russisch – kartofel, kartoschka,
schwedisch – potatisen,
spanisch – patata,
türkisch – patates

Seite 68

zum Beispiel:

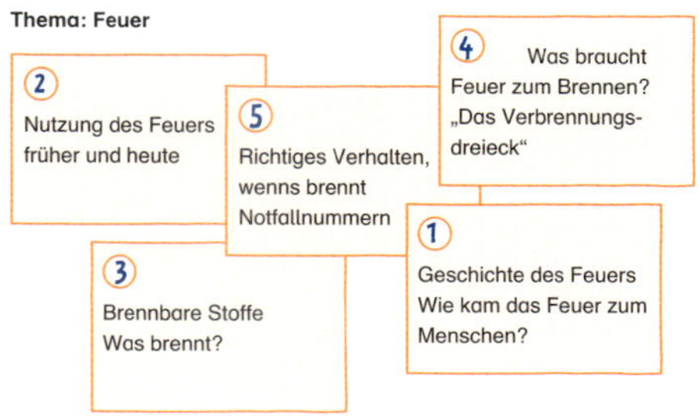

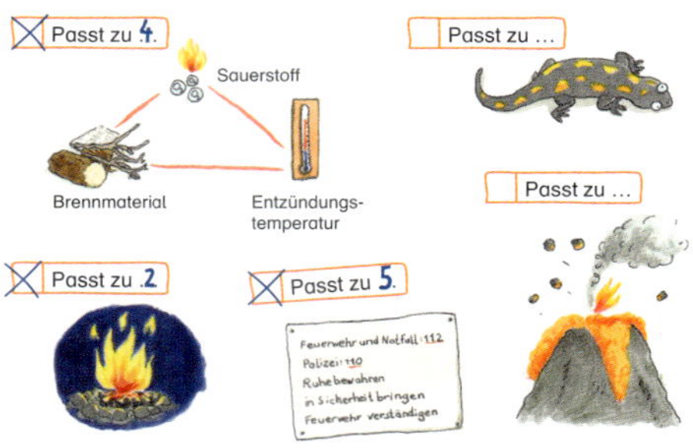

Seite 69

Fachbegriffe

Namenwort	Nomen, Substantiv	Übung
Begleiter	Artikel	der, die, das, ein, eine
Einzahl	Singular	die Übung
Mehrzahl	Plural	die Übungen

Fürwort	Pronomen	sie, ihr …

Tuwort, Tunwort	Verb	
Grundform	Infinitiv	turnen
Personalform		ich turne, du turnst …
Gegenwart	Präsens	er turnt
1. Vergangenheit	Präteritum / Imperfekt	er turnte
2. Vergangenheit	Perfekt	er hat geturnt
Zukunft		er wird turnen

Wiewort	Adjektiv	
Grundstufe		schwierig
1. Vergleichsstufe		schwieriger
2. Vergleichsstufe		am schwierigsten

Verhältniswort	Präposition	auf, an, in …

Bindewort	Konjunktion	und, oder, obwohl …

Aufsatzhelfer zum Ausschneiden

Schneide das Leporello aus und knicke die Seiten an den gestrichelten Linien. Dein fertiges Leporello kannst du benutzen, wenn du im Kapitel „Texte überarbeiten“ arbeitest. Du kannst es aber auch sonst zum Überprüfen deiner Texte verwenden, die du für die Schule, für dich oder für deine Freunde schreibst.

Aufsatzhelfer

Prüffragen für:

Beschreibungen

Anleitungen

Berichte

Erzählungen

Persönliche Briefe

Persönlicher Brief

Inhalt und Gliederung

- Adresse und Absender vollständig?
- alle Teile vorhanden und an der richtigen Stelle?
- Schrift leserlich?
- geeignetes Papier?

Sprache

- Reihenfolge der Erzählschritte richtig?
- Wortwiederholungen?
- Sätze abwechslungsreich?

Rechtschreibung

- Anredepronomen richtig geschrieben?
- Satzschlusszeichen richtig gesetzt?
- Komma nach der Ortsangabe und nach der Anrede?

Erzählung

Inhalt und Gliederung

- interessante Überschrift?
- Einleitung, Erzählhöhepunkt, kurzer Schluss?
- Reihenfolge der Erzählschritte richtig?
- Gedanken und Gefühle der Personen?

Sprache

- treffende Adjektive, Verben und Nomen?
- Wortwiederholungen?
- Sätze abwechslungsreich und verständlich?
- wörtliche Rede verwendet?
- Zeitform durchgehalten?

Rechtschreibung

- Großschreibung?
- Satzzeichen bei wörtlicher Rede?

Beschreibung

Inhalt und Gliederung

- Überschrift passend?
- wichtige Merkmale genannt?
- klar gegliedert?

Sprache

- treffende Adjektive und Nomen?
- passende Fachbegriffe?
- „hat“ und „ist“ ersetzt?
- Sätze abwechslungsreich?
- Wortwiederholungen?
- Gegenwartsform?

Rechtschreibung

- Großschreibung?
- Satzzeichen?

Anleitung

Inhalt und Gliederung

- Überschrift passend?
- Werkzeug, Geräte und Material genannt?
- Reihenfolge der Arbeitsschritte beachtet?

Sprache

- Form der Ansprache durchgehalten?
- treffende Verben?
- Fachbegriffe verwendet?
- Satzanfänge, die eine Reihenfolge angeben?
- hilfreiche Zeichnung?
- Gegenwartsform?

Rechtschreibung

- Großschreibung?
- Satzzeichen?

Bericht

Inhalt und Gliederung

- Überschrift passend?
- Personen, Ort und Zeitpunkt genannt?
- Reihenfolge des Geschehens richtig?

Sprache

- sachlich und knapp?
- Wortwiederholungen?
- Satzanfänge, die eine Reihenfolge angeben?
- Vergangenheitsform?

Rechtschreibung

- Großschreibung?
- Satzzeichen?